教师的工作力

[日] 三好真史 ◎著　　张金龙　秦小聪 ◎译

北京科学技术出版社

著作权合同登记号 图字：01-2023-1575

图书在版编目（CIP）数据

教师的工作力 /（日）三好真史著；张金龙，秦小聪译. —北京：北京科学技术出版社，2023.7（2025.1重印）
ISBN 978-7-5714-3044-3

Ⅰ. ①教… Ⅱ. ①三… ②张… ③秦… Ⅲ. ①教师－工作－研究 Ⅳ. ①G451

中国国家版本馆CIP数据核字（2023）第096182号

策划编辑：唱 怡
责任编辑：蔡芸菲
责任校对：贾 荣
图文制作：辰安启航
责任印制：吕 越
出 版 人：曾庆宇
出版发行：北京科学技术出版社
社　　址：北京西直门南大街 16 号
邮政编码：100035
电　　话：0086-10-66135495（总编室） 0086-10-66113227（发行部）
网　　址：www.bkydw.cn
印　　刷：北京华联印刷有限公司
开　　本：889 mm × 1194 mm 1/32
字　　数：120 千字
印　　张：7.875
版　　次：2023 年 7 月第 1 版
印　　次：2025 年 1 月第 3 次印刷
ISBN 978-7-5714-3044-3

定　价：55.00 元

前　言

若能善用时间，便不常患时间之不足。

——歌德

从繁忙的生活中挣脱出来。

教师的工作往往十分忙碌。我们要承担许多具体而繁杂的工作：备课、阅卷、批改作业、准备课堂活动、指导社团活动、组织晨间活动、安排午饭、组织打扫教室卫生、维持课间秩序……

我们每天都要与学生打交道，而发育障碍的学生的比例也在日益增长，越来越多的学生需要教师更加细致地照顾。因此，师生沟通也会耗费教师更多的精力。此外，如果当地教育部门希望教师更多地参与活动的话，教师的事务性工作也会相应增多，会议也会随之增加。如果再遇到对教师工作不理解的家长，教师会感到身心俱疲。

有的教师想通过提高工作效率来解决问题。也有的教师放弃了挣扎，直接选择延长工作时间，这实属无奈之举，因为工作量太大了。

但是，我们真的要维持现状吗？

教师要培养的是面向未来的人才。如果我们每天仅仅是两点一线地奔波于家和学校之间，真的能够为学生提供有价值的教育吗？教师只有拥有充足的业余时间、做到与社会接轨、接触各种各样的人、不断提高自身的修养……才能为学生提供更有价值的教育，不是吗？

虽然我在这里说得义正词严，但其实过去也经常加班。我把时间都花在了批改作业之类的工作上，每天仅是完成学情报告这一项工作，就要花费2~3小时，所以只能被迫加班。想来有些惭愧，我曾经做出过这样的事：因为没有时间批改，我将10月的试卷一直拖到12月才反馈给学生。

此外，即使在没有紧急任务、可以早下班的日子里，只要看到其他人还在忙碌，我也就不好意思走了，只能在办公室里消磨时间。

令人惭愧的是，我经常会犯各种各样的错误。我尤其不擅长处理事务性工作，最不喜欢办手续之类的琐碎的工作，所以总会拖延，拖到最后自己也完全忘记了。我还犯过一些其他错误：忘记已经与音乐老师调课；忘记发作业；忘记学校安排了统一备课而一个人钻研教材……

所以我经常会听到诸如“三好老师怎么又……”“快点提交，真是的！”之类的抱怨，催促和冷遇对我来说是家常便饭。由于反复出错，我很大程度上失去了同事和学生的信任。

那时由于担心自己会丢三落四，我总是背着一个大包，里面装了很多东西。我会把教材和周计划都带回家，但往往又原封不动地带回学校。

加班多；

失误多；

每天都过得手忙脚乱……

有一次，领导对我说：“你的事务性工作做得很不好。你要记住，自己虽然是一名教师，但更准确地说，你是一名‘教育办事员’。”领导的这番话让我觉得自己是一名“失职教师”。当时我在工作上已经积累了一些经验，变得稍有自信，但得到这样的评价后，我在很长一段时间里都感到非常沮丧。

我时常会想：

“就这样不断犯错，一直加班吗？”

“安于现状、不提升自我，可行吗？”

“每天对学生说要认真做事，而我作为教师却自由散漫，这样真的可以吗？”

我决心改变自己，于是开始寻找相关书籍。虽然我不擅长事务性工作，但能集中精力做自己感兴趣的事，那么为何不尝试将事务性工作发展成自己的兴趣呢？这样想着，我就从零开始研读工作方法类的书，模仿他人的高效工作法，不断改进自己的工作方法。通过反复试验，我终于总结出了一套适合自己的高效工作法。

我目前这样安排自己的工作：

①每天提前15分钟上班，最多推迟15分钟下班；

②不带工作回家；

③包里只放笔和本；

④花15分钟完成学情报告，并且每日更新；

⑤每年完成4部以上的独立著作；

⑥期中时基本完成学期情况通知单；

⑦将试卷批改结果当日反馈给学生。

工作之外，我还安排了这些活动：

①每周去4～5次格斗赛场；

②每月举办2～3次线上讲座，与全国教师进行交流；

③每月读大约30本书；

④每周看两部电影；

⑤考取京都大学的研究生。

由于掌握了高效的工作方法，我的生活方式变得更加健康，家庭生活更加充实，工作也更加顺利。我得到了同事和学生的信任，每天都过得很精彩。掌握好的工作方法，可以帮助教师更上一层楼。

本书事无巨细地介绍了各种高效的工作方法，包括基本工作思路、物品整理、事务性工作处理、课程设计、周计划制订等。

这些方法并非指导教师投机取巧，而是为大家提供一些工作要领。只有掌握了这些要领，才能实现工作方法的优化。

同时我们应该意识到，使用高效的工作方法来节省时间仅仅是手段，而非目的，重点在于我们如何利用这些节省下来的时间。我们可以利用这些时间提升自我、与家人和朋友相处、与恋人相处，借此拓宽视野，从而为学生带去积极的影响。

你可以先从书中选择一两种方法试着应用。你的世界一定会因此发生改变。

目　录

第1章

工作的基本要求

基本思路

有人认为不加班就做不好工作，那么劳动时长与劳动成果之间是否有直接关系呢？据统计，业务员的劳动时长和劳动成果之间是有关联的——劳动时长越短的业务员，每小时生产率越高、业绩越好。这一结论大概也适用于学校的工作。能够按时下班的教师往往桌面非常整洁，工作能力也很强。有趣的是，我们普遍抱有“不加班会感到不安”的心态，因此即便大家意识到时长与成果无关也还是会选择加班。

我们会有种种顾虑：

“也许会给周围的人添麻烦。”

“明天课上也许会遇到解决不了的问题。”

“也许因为我早走，别人会降低对我的评价。”

“其他老师也许会不满。”

正是因为这些“也许”，我们才会感到不安，于是无法停止加班，就像中了魔咒一样，这就是加班的本质所在。

我们或许可以对这些顾虑提出质疑，将它们否定：

“即使我们按时下班，也不会给其他人添麻烦。”

“课上不会遇到解决不了的问题。”

“别人对我的评价不会因此而降低。”

“其他老师不会感到不满。”

我们首先要做的是调整认知。我们要意识到按时下班是理所当然的，不接受这种想法，也就做不到按时下班。因此，接下来我就来谈谈“按时下班”这一想法。

两位老师

假设有这样的两位老师，你觉得哪位老师更优秀呢？

A老师7时上班，21时才下班，放学后在学校批改作业和试卷，还要准备第二天的课程，另外周末必有一天会到学校做一些事务性的工作。他就这样两点一线地在学校和家之间往返，没有结交新的朋友、没有学习新的技能、没有空余的时间看电视，与学生自然也就无话可聊。不过，他本人一直对此引以为傲，认为自己每天都在为学生努力工作。

而B老师每天按时上班，准时下班。批改作业和试卷的工作他都赶在学生在校期间完成，利用碎片时间来备课，从来不把工作带回家。下班后，他经常学习才艺，与各种各样的人进行交流。他重视家庭，家庭生活幸福和睦。此外，他还积极参加当地组织的线上线下的教师活动，与其他教师切磋交流。在这些活动中他获取了丰富的信息，再结合教学实践，能够将学生引领到一个新的高度。

哪一位老师更优秀呢？

从他们的视野、生活状态等角度来看，二者的差距显而易见。

我们需要做的是改变观念。留在学校里加班的教师未必是对工作充满热情的教师。教师是讲求人情味的职业，只有在学校之外与各行各业的人交流、增长见识，才有可能对学生的人生观产生正向影响。

缩短工作时间的好处

有的教师甚至将长时间待在学校当作一种兴趣爱好，但其实我们应该意识到缩短工作时间的好处。

缩短工作时间有以下3点好处。

①获得同事的敬佩

周围的同事会认为你是一个工作能力很强的人，从而对你充满敬佩。如果我们将工作处理得井井有条，可以做到按时下班，那么即使临时被安排了新的任务，我们也能够立刻着手处理。

②使班级氛围变得和谐

不可思议的是，当我们的工作效率提高时，班级氛围也会随之变得和谐起来。教师将工作处理得井井有条会给班级管理带来积极的影响。如果教师能够对测验时间、评价标准、课程准备等事项有整体性的规划，那么课程的具体规划也能变得更加明晰。有计划地开展教学，会让学生感到安心；信守与学生间的约定，会让学生认为：跟着这个老师的节奏走肯定没问题。有了学生的信任，班级氛围自然会变得更加和谐。

③实现更优质的教育

缩短工作时间还可以帮助教师提高自身修养。教师合理地利用业余时间能够接触到各种各样的人和信息，从而有更多的发现与收获。将它们带到课堂上，可以更好地对学生进行教育。此外，教师也能有充足的时间陪伴家人、放松自我，从而以轻松的心态面对班级里的学生。

总之，如果我们想用更积极的方式生活，为学生提供更优质的教育，就需要缩短工作时间。

早回家不是目的

下列有A、B、C、D四种类型的教师，你属于哪种呢？

A：能够完成工作，按时下班。

B：不能完成工作，按时下班。

C：不能完成工作，加班。

D：能够完成工作，加班。

哪种类型最好，而哪种类型又最差呢？显而易见，A类型的工作方法是最好的。那么B类型怎么样呢？B类型的教师比较棘手。有人在网络上发表言论：只要假装自己工作能力差，领导就不会过多安排工作给你，这样就能按时下班。这就属于B类型。这样的态度不可取，因为这种类型的教师把“早回家”看作最终目的，让周围的人为其分担工作，增加了同事的负担和困扰，自然就令人厌烦。我们按时下班的前提应是认真完成分内的工作。

因此，可以对四种类型的优劣进行如下排序：A、D、

C、B。

大多数教师是按照C→D→A的顺序成长起来的，千万不要误入歧途成为B类型，不要满足于“低质量的工作状态”。不早到、不加班却可以做出成绩的人才是优秀的职场人，我们要抱有正确的工作态度。

给他人留下按时下班的印象

有时我们会遇到“不好意思回家”的情况：虽然自己的工作结束了，但看到同年级的同事还在工作，碍于面子自己也会待到很晚。（我以前就是这样的人，所以特别能理解这种心情。）但是我们应该意识到，没有比碍于面子而加班更徒劳无益的事情了。

为了解决这一问题，我们需要给别人留下“你原本就是按时下班的人”的印象。也就是说，你需要果断地按时离开。

到了下班时间，即使周围的人还在说说笑笑，我也会迅速离开。我的劳动时间已经结束，没有人可以因为我按时下班而对我发牢骚。

话虽如此，但有时可能还是会招来他人无端的指责，他们会认为“我在加班，所以你也应该留下来”。如果因此而给工作带来困扰，那就得不偿失了。在这种情况下，我们要思考一些对策，最好的方法就是事先告诉大家你按时下班的理由。

有人会说“我需要去接孩子放学”，同样的道理，你也可以找一些理由，比如“我在参加资格证考试的培训，需要早点回家”。当然这仅限于遭到同事非议的情况，如果同事都很理解你，那就没有必要找理由了。

尽力提高工作效率

时间对于所有人而言都是公平的，“通过延长时间把工作做好”这一想法原本就不可取。

我们可以参考马拉松运动员的例子。据说无论是专业运动员还是业余运动员，他们的训练时间上限都是固定的，因为训练超过一定时长会对身体造成损害。既然训练时长没有太大差距，那是什么造成了专业与业余运动员间的差距呢？原因可能是多方面的，如实战经验不同、训练经历不同，但究其本质是他们的训练质量不同。如何有效利用时间提升质量才是重点。

“通过延长时间把工作做好”这一想法是错误的。超过规定的时间持续工作，有时还会损害我们的健康。那么我们该如何利用好有限的时间呢？这就需要我们提高在校的工作效率，优化工作方法。

充分利用碎片时间

教师可以在教室里批改作业和试卷。如果我们总需要把这些工作带到办公室做，那可能就意味着我们的工作效率还有待提高。学生放学后，教师通常还有一小时的工作时间，如果将其中的大部分时间都用来批改作业，我们可能无法按时下班，所以我们要尽量在学生放学前完成班级的事务性工作。这需要我们学会充分利用碎片时间。

学生在校期间，教师并不需要时刻紧盯着他们的一举一动。我们可以利用学生做练习或休息的时间来处理班级的工作。

让我们以此为目标：在学生在校期间，完成所有力所能及的工作；在学生放学后，集中处理那些“只有在办公室里才能完成”的工作。那么，什么样的工作属于“只有在办公室里才能完成”的呢？如：制作校务材料、录入成绩等。

因此，我们可以将工作大致分为两类进行处理：

学生在校期间，处理班级的工作；学生离校后，处理校务和年级的工作。

这样一来，其他教师也能注意到我们总是在积极推进年级的工作，有助于给整个年级组的人留下好的印象，也有助于更好地实现按时下班。

结束一天的工作后，我们要对当天的工作情况进行回顾，回想是否有的时间没有被充分利用。那些时间就是我们的碎片时间，需要我们重新规划和利用。

设定下班时间

我们早上往往会比较忙碌，做事也更迅速敏捷。相反，到了傍晚则会变得有些磨蹭，我经常看到很多人在16时左右就开始放空自己。

早上学生到校前和傍晚学生离校后，教师都处于没有学生的环境。那么在工作环境相同、工作内容也没有太大差别的情况下，教师的状态为什么会有差异呢？

造成这种差异的原因就在于“时间限制”。早上会有一个个诸如“学生要到校了”“课程要开始了”之类的时间节点。即使有时会走神，但是只要学生到齐、上课铃一响，我们自然而然就会进入上课状态。在“必须要在有限的时间内完成工作”的情况下，我们自然会行动迅速。但在学生离校后，我们会认为“无论工作到几点都可以”。在这种认知的影响下，行动力自然会下降。

例如，早上负责迎接学生的教师会非常快速地完成其他工作准时到校门口，因为这是有时间限制的，不可以迟到。我们可以参考这样的工作状态，在傍晚也为自己设定一个时间限制，即确定好“我的下班时间”。

我给自己设定的下班时间是晚于学校规定的下班时间15分钟。当然仅仅这样计划可能会缺乏一些约束力，为了让下班的时间限制更具紧迫感，我们还可以做好下班后的计划。例如，我会要求自己在18时开始在线英语课程的学习，如果我在17时15分下班，就可以在17时45分到家，18时刚好能开始听课。

当然我们也可以安排其他计划，如与家人一起吃晚饭、给女朋友打电话等。总之，我们要设定一些“强制性计划”来敦促自己按时下班，让自己意识到“下班”这个时间节点，这样就能够全力以赴，赶在时间节点前完成工作。

那么，让我们来设定属于自己的下班时间吧！你决定好了吗？你打算几时几分下班呢？

“时间限制”影响行动效率

拖延、健忘会带来负面评价

我们可能有时会说："我稍微晚一点提交。"这个"稍微"的代价可不小，因为不能遵守约定的截止时间会给我们带来负面评价。不守时的人会给别人留下没有信用的印象。

总是拖延或健忘的人，往往更容易失信，因为通常不存在"只是偶尔忘记一次"的情况。当我们深入了解一个不守时的教师时，他人对其的评价往往是：他总是那样。人们不仅不会对他有所期待，反而会表现出漠然，不想与他共事，因失信而否定了他的全部。

拖延或健忘本身就会带来一些物质上的损失，但更糟糕的是会使他人认为我们是失信之人。因此，我们要严肃对待拖延或健忘的问题。

拖延、健忘会让我们失去他人的信任

稳定班级秩序

想提高工作效率，首先要让班级秩序有条不紊，我们不能为了提高效率而在班级管理和备课授课方面偷工减料。如果没有稳定的班级秩序，教师的工作效率是绝对不可能提高的。

如果我们在维持秩序上浪费大量时间，无论是在晨间活动还是课间休息时都要时刻关注学生以免发生意外，甚至在放学后还要请家长到校沟通，那么我们就很有可能不得不工作到21时左右了。如此一来，我们缺乏备课的时间，身心疲惫，班级可能会更加混乱，进而陷入一种恶性循环。

相反，如果班级秩序良好，学生能够做到自我管理，班级运转井然有序，我们也就无须很早到达教室或是一直待在教室了，从而可以利用这些时间适当休息或工作。

因此，我们首先要做的就是稳定班级秩序。

可以明天做的工作就不要今天做

有的教师明明没有太多要处理的工作，但依然会加班到很晚。当询问他们究竟是在做什么时，得到的答案通常是他们在处理一些明天也可以做的事，也就是说他们在提前处理今天没有必要做的工作。如果继续询问他们这样做的理由，他们也许会回答："想往前赶一赶。"虽然可以理解他们"想尽量提前完成工作"的想法，但这并不值得效仿。

"今天强迫自己往前赶一赶，后面就会轻松一些"的想法是不现实的，因为在学校里通常很难有空闲时间。就算我们因为加班挤出了一些空闲时间，它也极有可能会被意想不到的新分配下来的工作占用。所以我们没有必要提前去做明天的工作，只需要集中精力处理今天必须要完成的任务。让我们把明天应该处理的工作写到周计划里，今天就按时下班吧。

专栏

变　化

当我们掌握了高效的工作方法，生活会发生很大的变化。周围的同事或许也会说：“你和以前不一样了。”

简言之，生活可能会有以下4种变化。

①办公桌变干净

如果我们手边有大量工作需要处理，就会发愁究竟该从哪项工作开始做起。堆在桌子上的文件都是需要完成的，都是某项工作的一部分，即使是那些无用的文件，也同样需要我们花费精力去处理掉。

坚持使用高效的工作方法，可以帮助我们保持桌面干净整洁。当我们时刻想着“有没有什么需要处理”时，就会更容易发现脏乱差之处。

②背包变轻

如果我们需要将工作带回家，通常就要把教材和笔记本装进包里，这样一来背包就会变得很重。我们抱着“回家可能会做”的想法将书本带回家，但很多时候都是原封不动地将它们又带回了办公室。如果在学校完成的话，就不需要带东西回家了，背包必然会变轻。

③他人对我们的信任度变高

有时学生会骄傲地说：“刚考完试不久老师就把试卷结果发下来了。”如果我们能高效地处理好工作，就能够对学生的需求给予切实的回应，学生也会更加信任我们。

如果我们将学情报告写得十分详细，家长对我们的信任度也会相应地提高。

此外，如果我们提交的资料内容质量很高，也会得到来自同事的高度评价。

④工作安排变明晰

当办公桌变得干净整洁后，我们对于自己的工作安排就会更加明晰，对于工作进度也能了然于胸。我们会从“不情愿地被动完成工作”变为“愿意主动处理工作”。

第2章

高效工作法

立即就做

在学校工作中，“疏忽忘事”最为致命。

家长时常会在家校联络簿上提出一些需求，如“请告知下个月的活动安排”等；而学生也会有许许多多的需求，如“我需要买材料，麻烦您把费用给我”“我的资料丢了，请再给我一份”等。在工作过程中我们可能会不断地接收到各种来自他人的需求，如果我们回应对方“稍后处理”，很可能在此之后就忘记了。

你是否也有过同样的失误？面对学生的需求总想着“稍后处理”，结果一不小心就忘记了，等到学生放学回家才突然想起来。此时学生会想：老师明明说过一会儿拿资料给我的，最后还是忘了！这就影响了学生对你的信任，而当家长了解后，这件事在很大程度上也会影响家长对你的信任。

即使有意识地想着要“稍后处理”，我们也很难做到在恰当的时间自发地想起之前的计划，所以就会导致很多失误，而失误会带来严重的后果。虽然我们可以通过做笔记来提醒自己，但更切实可行的方法是趁着还未忘记就完成该做的事情。

重要的事情不要拖延，要下定决心立即完成。如果同事向你提出了填写调查问卷的需求，那就当场写完提交，这样也省去了日后的麻烦。

因此，理所当然地，避免疏忽忘事最有效的方法就是即刻完成工作。

将全部信息集中写在一处

工作时做记录非常重要，可是如果记录被零散地写在了不同的地方，依旧会影响我们集中精力做好手头的工作。

同时使用多个笔记本或将工作内容分别记录在不同的地方，都会使我们陷入找不到记录、不知该从何做起的窘境，从而导致我们因疏忽忘事而犯错。

做记录重要的是要让所有信息都一目了然。我们可以把所有工作都记在周计划里，这样最大的好处是可以快速提升安心感与成就感。我们会觉得“只要完成这里所记录的任务，今天的工作就算全部完成了”，而这种安心感是很重要的。

就好像行走在漆黑的隧道里，即使我们距离出口只有10米，可如果无法看清前路，依旧会感到很不安。相反，如果能看到从出口射进来的光，即使我们距离出口还有100米，也能够安心地继续前行。

把需要处理的工作都记到周计划里，使其“可视化”，我们就可以不慌不忙地去一件一件完成了。这样就能保证没有遗漏，让人感到安心。如果我们想到了新的任务，也可以随时将其写入周计划里。无论是管理层的指示、同事的告知，还是要向学生传达的事项，我们都可以事无巨细地记录下来。

比如要给某同学一份资料、复印资料、粉碎文件、研究教材、召集执行委员等任务，我们都可以记录下来，每完成一项就用红笔划掉。随着红线的增多，我们完成任务的成就感也会随之增强，同时也能够感受到工作的快乐，自然就不会疏忽忘事了。

如果到了下班时间还有未完成的任务，那就在未完成的项目上画叉，并把未完成的部分誊抄到明日的任务中，这样就不会有遗漏的任务了。

像这样，将全部的任务集中写在一处才不容易遗漏。掌握这种工作方法很重要。

将全部信息集中写在一处，防止遗漏

将工作细化分解

对于难度系数大的工作，我们往往更容易拖延。因此，我们可以将困难的工作分解为一个个小任务，也就是将工作进行细化分解。

比如制订课程指导计划或许是一项大工程，我们可以将它细化为以下6项。

①日期；

②评价；

③指导过程；

④单元计划；

⑤课时计划；

⑥板书方案。

一口气把所有内容都写完是比较困难的。但只是填写“日期”或是“板书方案”的话，好像就不那么费力了。这种方法就是细化分解。

当我们填写学期情况通知单上的评语时，也可以使用这种方法。将意见的内容进行分解，归纳为如下5点。

①相关事件是什么？

②相关事件的活动内容是什么？

③哪门课程？

④哪个单元？

⑤进行了怎样的学习？

将每一项分别录入Excel表格，一项一项地进行填写，最终完成整个评语部分的撰写。

当我们遇到工作量较大的任务时，往往会因不能感知整体的进度而停滞不前。我们首先要做的就是将任务分解，然后充分了解分解后产生的每一项小任务，将它们写到每天的计划中，再逐一完成。

将工作细化分解后更容易着手处理

设定“自我期限”

工作过程中很重要的一点是要确定好期限。

我们可以设想这样的情景：会议就要开始了，而你还没有准备好文件；马上就要上课了，而你还没有做好资料。在临近期限的情况下，我们是不是总能爆发出极强的行动力呢？因此，设定期限是激发行动力最有效的方法。

没有截止期限的工作就称不上是工作。

“请准备一下这份材料，什么时候提交都可以。”当你接到这样的任务时，会马上开始准备材料吗？即使一开始就立即着手处理，随着时间的推移，在出现其他任务时，我们也会降低这项任务的优先级，从而它就会被无限期地拖延下去。

即便是已经设定了期限的工作，我们也可能无法在规定的时间内完成。产生这种情况的原因可能是实际工作比预想的要更费时，或者本来已经完成了却还需要进行修改。为了避免这种情况，我们可以在“实际期限”之前设定一个“自我期限”。至于这两个期限之间的间隔，可以视具体工作内容而定，但至少要留出一天左右的时间。这样我们就可以在自我期限到来时提前完成任务，即使需要修改，也能够在实际期限到来时提交。

只要遇到需要提交资料的情况，我们都可以提前在周计划中为自己设定一个截止期限。

“一箭三雕”

“偷偷将书带进卫生间，边刷牙边看书”，相信很多人小时候都因为类似的事而遭到过家长的批评。一般情况下，同时做两件或三件事的行为并不被提倡，但在工作中我们却需要努力做到多任务并行，实现“一箭三雕”。

做饭就是一个很好的例子：如果我们一件一件地做会耗费很长时间，但如果我们先用电饭煲煮上饭，在等待的过程中炒菜会节省很多时间。

同做饭一样，我们在工作中也可以同时进行多项任务。可以“贪心”一些，争取在做完一项工作后能够达成多项目标。

例如，教授一节朗读课，我们可以实现3项目标：既可以指导学生提高朗读能力，又可以记录评价、丰富学期情况通知单上的内容，还可以记录下一些优秀的课堂展示，将它们放到班级情况汇报中。

再如，教授一节手工课，我们可以及时反馈，与学生互动；可以将评价抄写到学期情况通知单上，完善对学生的评价；还可以将优秀作品贴到墙上展示。这就是“一箭三雕”。原本3项工作加起来可能要花费30分钟，这样一来可能只需要10分钟就可以完成了。

因此，我们在做一项工作时要经常想一想有没有可以同时进行的其他工作。

反复利用

我们可以将工作中花心思制作的内容反复利用。

比如班报除了分发给学生阅读，它的使命还远远没有结束。我们可以将其中的照片用到学校的宣传网页上，文章基本也可以直接使用。

除此之外，这些记录还有以下用途。

①在面向年轻教师的经验分享会上展示；
②交给领导，作为业绩考核的参考；
③作为研修会上教学实践总结的展示材料；
④交给接任的教师，以便他们了解班级的教学实践；
⑤作为学生评价的参考。

再如，公开课结束后我们可以根据教案来撰写论文，也可以从其他角度再次进行展示。如果使用了多媒体材料，还可以将其作为多媒体教学汇报展示的资料。当然，也可以将其作为年级交流会的材料，在会上谈一谈班级的情况。

这样一来，我们能够将材料在多个场合反复使用，一次的努力就能够创造多个成果，相对来说也降低了自己的劳动成本。

“八成主义”

事务性工作总是没完没了，你是否也有这样的烦恼呢？

完美主义者总希望将所有的事情都做到无懈可击，但我们不能总想着一次就做到最佳。我们可以在一项工作完成了80%左右时就停下来看看，因为大部分工作的前80%往往比较容易推进。例如准备材料，想做到大体成型是比较简单的，而剩余20%的工作则会相对耗时，我们可能需要查找错别字、斟酌遣词造句等，这种细节性的工作通常比较难以推进。

因此，当我们完成了工作的80%左右时就可以先告一段落。第二天再以全新的姿态面对相同的资料时，你可能会有新的发现。第二天我们也只需要完成剩余工作的80%，也就相当于完成了全部工作的16%。此时，我们将前两天的工作成果相加，即完成了全部工作的96%。第三天继续完成剩余工作的80%，就完成了全部工作的99.2%，这已经是近乎完美了。

也就是说，按照“八成主义”的做法连续做3次，就可以快速且近乎完美地完成工作了。重点是不要想着一次就完成全部工作，如果想完成得又快又好，就践行“八成主义”吧！

不要从零开始

如果从零开始制作一份教案或计划书的话，时间无论如何都不够用。因为我们不仅要撰写内容，还要调整版式，如果想全部完成肯定需要加班很长时间。

诚然，资料形式美观很重要，但为了形式而耗费大量时间就得不偿失了。即使我们将教案的版式做100次调整，对提升教学质量的影响也是微乎其微，对学生也不会有具体的帮助。过度拘泥于形式，基本上属于做无用功，我们应该重视的是效率。

首先，可以找到已有的资料。比如在制作教案时，可以保留原有条目和格式，只修改教案的内容；在制作活动计划书时，可以找到去年相同活动的计划书在此基础上进行改写，删掉不需要的部分，补充新的内容即可。

学校对过往的资料基本都留有备案，如果没有的话，可以借用其他学校的模板。

可是这样做也容易出现一些错误，如没有修改年份、忘记删除已经离职的教师的信息等。因此，我们需要认真细致地进行最终确认。

计算标准时长

我们可以事先计算一下单项工作所需的标准时长，这样就能对各项工作的耗时有清晰的认知。

我们可以计算出批改写字练习的时长、将成绩录入电脑的时长等：先用计时器测出完成一人份所需的秒数，再乘以人数，从而得出完成某项工作总的标准时长。

例如，一个班级有36人，批改一份作业需要10秒钟，那么批改所有作业所需的时间就可以这样计算：10秒钟 × 36人 ÷ 60秒钟=6分钟。这样我们就得出了这项工作的整体耗时，从而对工作进度有了大致的把握。

由此我们可以做到心中有数，如“现在开始批改的话，到上课前无法全部完成”“完成这项工作还需要一些时间”。当有了标准时长的概念后，我们在工作中也会产生一种紧迫感，强迫自己在某个时间段内完成任务。

让我们用公式来计算一下完成某项工作所需的标准时长吧！

事先计算标准时长

语音输入

我认为语音输入给日常工作带来了革命性的变化。

如果你还不知道什么是语音输入，可以搜索相关的应用软件下载到手机上，然后尝试对着麦克风说出下面这句话：

“这一级的学生性格开朗，有很强的求知欲，但在表达自己的想法时会表现得比较犹豫。”

第一次使用语音输入时可能会被其生成文字的速度震惊。

语音输入的效率到底有多高呢？据说比打字员录入的速度还要快10倍。此外，语音输入不仅可以实现从声音到文字的转换，还可以输入符号。

将文章内容通过语音输入到智能手机中，保存为文本，就可以将文字内容应用到任何地方了。

使用这种方法，我们就不需要一直对着办公室的电脑工作了。在回家的路上、在教室里，我们可以随时随地快速输入内容。如果你的手机防水的话，你甚至可以在浴室里完成内容输入！只是小心别把手机掉到浴缸里。

到了办公室，我们只需要复制粘贴这些文本即可。我的年级新闻、课外学习报道等材料，大部分都是通过语音输入完成的，就连这本书的内容也有接近70%是通过语音输入完成的。

快打开你的智能手机尝试一下吧！如果你的手机还不支持相关的应用软件，可以考虑换一部新款手机。

专栏

活用“番茄工作法”，持续集中注意力

做到张弛有度可以提升工作效率。我们可以借鉴意大利企业管理顾问弗朗西斯科·西里洛发明的“番茄工作法”。

它可以应用在工作、学习、做家务等场景中。具体的操作方法是：给自己确定一个目标，将计时器的时间设置为25分钟，当我们工作到计时器发出提醒时，就休息5分钟，如此循环4次可以进行一次较长时间的休息。

容易集中注意力的人可能会认为25分钟比较短，但实际感受一下你就会发现，实践起来还是有难度的。“番茄工作法”要求我们确定清晰的目标，全身心投入到确定的工作中，避免中断，充分利用25分钟的时间。

然而在办公室里可能很难使用这个方法，因为我们时常会被接打电话、开碰头会等外部事件打扰。此

外，很多事务性工作需在短时间内完成，25分钟有时会显得过长。

因此，我们可以根据不同的场景对“番茄工作法”做出调整。例如，当我们独自待在一间教室时，可以减少外部打扰，此时可以实践每工作25分钟休息1分钟的方法；而当我们在办公室时，不可避免地会与同事沟通，此时可以调整为每工作14分钟休息1分钟，这样更容易做到。

我们可以用计时器或智能手机来计时。我更推荐使用智能手机，因为可以将提醒设置为震动，不会影响到周围的人。

第3章

防止失误的方法

防止失误的方法

“啊！那件事我稀里糊涂地忘记了。”你有没有犯过这样的错误？失误会带来巨大的时间浪费。

例如，你忘记给学生分发体检材料，所以不得不送到学生家里，而去每个学生家至少需要花费两个小时。这不仅很辛苦，还会浪费大量的时间。

此外，有些失误还可能会导致班级管理出现问题。

例如，你在教师会议上接到了“今天不能正常出入正门”的通知，却忘记传达给学生，导致学生被批评。如果其他教师在批评学生时说：“你们的班主任没有通知吗？今天不能走正门。”学生就会知道是你忘记传达信息才导致自己受到批评的。

如果只是偶尔一两次的失误，学生还可以理解，可如果多次发生类似的失误，之后学生可能会对你的教导置若罔闻，拒绝支持班级工作。而如果多次出现忘记分发作业的情况，家长也会失去对你的信任。

成功可能具有偶然性，但失败往往是必然的结果。产生失误一定有其原因，只要我们稍加留意，就可以避免。

那么怎样才能避免教师工作中的失误呢？本章会介绍一些具体方法。

手指口述法

地铁司机在遇到信号灯时，往往会一边用手指着灯一边说出灯的颜色。这种工作方法称为“手指口述法”。之所以出现这种手指信号灯确认的方法，是因为地铁司机通常是独自上岗，为了避免失误而采用这种方法。据说这种方法产生于20世纪80年代左右，当时日本中央劳动事故预防协会在推行“零事故运动”时引入了“手指口述法”。此后，在以制造业为主的各个行业中，这种方法得到了迅速普及。

你是否认为一定要用手指着确认是小题大做呢？实际上这个动作意义重大。因为人双眼的水平视角可以达到180度左右，从客观上来说的确不算窄，但是人的视觉在10度以内是敏感区，也就是说在这个范围内我们可以清晰地辨别事物。手指确认的动作可以帮我们将视点聚焦，准确地认识自己所关注的对象。

如果我们在学校工作中也使用这种方法，就可以有效地防止工作失误。

早上集合时，用手指着确认学生的人数；点名时，用手指着确认；如果你曾经叮嘱学生要将卫生间的拖鞋摆放好，那么就可以用手指着确认一下；核对成绩时，用两只手分别指着试卷和学生名单进行确认，避免疏漏；填写家长通知单时，用手指着逐个确认成绩栏、学生表现栏，减少填写错误；确认事务性文件时，当然也离不开手指确认；会后用手指着确认座位上是否有遗落物品；在离开教室时，用手指着确认明天上课所需的板书、小组活动的材料是否已经准备好；在离校时，用手指着窗户、门锁，确认是否已经关好。有些场合直接用手指人可能会显得不礼貌，这时我们可以选择手掌向上、自然平放的手指人方式。

用手指着确认后，我们也会减少对于自己是否会产生失误的疑虑。总之，在很多情况下我们都可以利用这种方法来落实确认。

用手指口述法进行确认

复 述

复述可以有效地防止犯错。

在有些场合，复述已经成为一种约定俗成的工作方法，这可能是因为听错或理解错的现象太普遍了。

例如，在餐厅服务员经常会说：“那我再确认一下您点的东西。”再如，当我们打电话通知旅行社“我明天4点去您那里”时，对方就会重复一遍“明天是13日，周五，我们下午4点见面，对吧？好的，请多关照”来进行确认。这样的重复确认能够有效避免因听错而导致的误会。

在学校我们也可以通过复述来进行确认。

例如，教务老师告诉你：“田村身体不舒服，今天请假了。”你确认说：“田中身体不舒服请假了，好的，谢谢您通知我。”此时，因为你的复述有误，对方就会指出：“不是田中，是田村。”

在和校领导沟通时，这种方法也很有效。

例如，校领导这样说：“你首先要与家长取得联系，道歉后征求对方的意见，询问是否可以进行家访，如果对方表示没有必要登门，那就不用去了。”此时，你可以这样复述："我来确认一下，我要先联系家长进行道歉，获得允许后再登门拜访，如果家长婉拒就无需登门拜访了。是这样吧？"通过这种方法进行流程上的确认，可以防止犯错。

我们只需要将对方的话复述一遍，仅此而已。虽然简单，但确实能够防止工作上的失误。

复述可以防止犯错

田村身体不舒服，今天请假了。
知道了。
田中请假了。
田村身体不舒服，今天请假了。
田中身体不舒服请假了啊。
不是田中，是田村。

确认对话

确认对话是就某些内容与对方进行口头确认。

这封信明天发出去，对吧？

今天分发尿检的容器，是吗？

今天的校园探索，只带上帽子和纸笔就可以了吧？

会议是16点开始吧？

特别是对于当天的活动，我们需要进行口头确认。通过这种确认，可以避免遗忘或误会。

无论双方之前进行过多少次细致的沟通，在对细节的理解上可能依旧无法达成共识。通过反复确认，可以消除大家认知上的差异。积极进行口头确认的教师，总体来说失误会更少。

我们偶尔也会遇到反感口头确认的人。当我们问：“今天只让学生带水杯就可以了吧？”对方可能会生气地回答：“之前不是说过了吗？”在这种情况下，双方就无法进一步确认细节问题，最终可能会出现一些小差错。

对于年级活动，我们很难保证每个人对所有的细节问题都有统一的认知，有些人甚至在活动当天都把事情忘得一干二净。口头确认的确会花费一些时间，也许会让人觉得是在浪费时间，但如果因为没有确认而犯了错误，那我们弥补错误所花费的时间可能就要比口头确认多得多了。

想要防止工作失误，我们就要将口头确认当作一种习惯。为此，如果同年级的教师在平时能够达成“为了避免遗忘，让我们多多相互提醒”的共识，是再好不过的了。

颜色分类法

颜色分类法是利用颜色进行分类从而减少出错的方法。

例如，水龙头上会标出红色与蓝色，红色代表热水，蓝色代表冷水，让人一看便知。

我们可以将颜色分类法活用到日常工作中。

例如，在制作学生名单时，我们可以以5人为单位，用不同底色来区分，即便是黑白印刷的表格，也可以通过调节底色的深浅来区分。这样可以减少在记录成绩时出错。

再如，在制作家长信时，我们也可以使用颜色分类法：对于“年级通知”等家长必须阅读的文件，可以用粉色纸张印制。这样家长就会意识到文件的重要性，从而认真阅读。

颜色分类法操作简单，效果明显。让我们多使用颜色分类法来减少失误吧！

特别的颜色更容易受到关注

朗读核对法

像“年级新闻”这样的内容，一般不会在写好之后就立即送去打印，通常要有人再次检查。并且，　个人检查也很容易出现错误，往往需要多人反复确认。即便如此，有时还是会出现纰漏。你是否会感到惊讶：明明已经检查了很多遍，为什么还有错误？

原因在于如果多人分别进行确认，大家就容易产生“其他人会认真看的”这种侥幸心理，导致最终都不能发现问题。

为了避免这种情况，我建议采用朗读核对法。

具体操作是：两人同时看一份文件，一个人出声朗读，另一个人确认内容并回复“好”。如果对于两人来说工作量太大，也可以在召开年级会时，大家共同进行确认：每人发一份资料，大家轮流朗读一个段落，其他人进行确认。

这样就可以发现细微的差错，消除纰漏，而且也不占用教师的个人时间。虽然这种方法看起来可能有些耗时，但实际操作起来却很快。

朗读出来进行核对以减少纰漏

借助管理层的力量

即使我们使用了口头确认的方法，有些错误依旧在所难免。你会发现自己的认知有限，需要别人帮助指出问题所在。

为了减少错误，我们要尽可能多地听取他人的意见，此时借助学校管理层的力量是最有效的。如果一些文件内容不好把握，我们可以向管理层请教，借助校长、副校长、教导主任、教务老师等人的力量，请他们对文件内容进行确认。由于这也是学校管理工作的一部分，如果出现纰漏，管理层也难辞其咎，所以他们一定会认真阅读。

因此，我们可以借助管理层的力量，请他们确认文件，这有助于提高文件的准确性。

请管理层确认文件

预先提醒

有时我们会与同事外出开会，但是到了约定时间，对方却没有出现。当我们打电话询问时，对方表示自己忘记了。

“预先提醒邮件”可以有效地帮助我们防止他人遗忘重要的事情。我们可以提前一天发送一封这样的提醒邮件，如：“明天有关于……的会议，请您提前浏览材料，准时出席。”

有时当日的提醒也很重要。

例如，遇到上课时间变动的情况，我们可以借寒暄提醒对方，如：“今天上午的第二节课就辛苦您了。”

我们这样直接打招呼既提醒了对方，以免对方忘记此事，同时也会给对方留下认真负责的好印象。

总之，为避免对方忘记，以巧妙的方式设法提醒对方很重要。

用“预先提醒邮件”提醒对方

借助学生的力量

对于一些绝对不能忘记的重要事项，我们可以借助他人的力量来提醒自己。而在学校，借助学生的力量是最好的方法。

例如，为确保学生带上所需物品，我们可以这样对学生说：“今天开会时需要大家带上自己的签名章。我准备在会前将签名章分发给大家，如果我忘记了，请大家提醒我。”这样会前学生就会提醒道：“老师，签名章！”

此外，这个方法也能有效应对学生的要求。

如果在我们很忙乱的时候，学生提出要求说：“麻烦给我一些钱，我要买姓名贴。”此时我们回复学生说：“老师待会儿给你。”但是过后我们可能就忘记了，这样就会影响到师生间的信任。

我们可以换种说法，借助学生的力量来提醒自己：“老师现在脱不开身，你待会儿再和我讲一次好吗？”如果我们没有忘记的话，在学生再次提醒前就可以将钱给学生；如果我们忘记了，学生就会再次提醒我们。

学生的记忆力往往很强，只要我们提出请求，学生基本上都能够及时提醒。因此，借助学生的力量是避免教师工作失误的好方法之一。

备忘功能

当被分配了一些无法立即去做的工作时，我们需要给自己留下提示，提醒自己关注这些工作。我们可以在便签上写下提示，贴在自己视线容易触及的地方：在办公室里，就贴到电脑显示器边上；在教室里，就贴到讲台桌的边缘。

例如，我们在周五接到了要在下周一打印资料的通知，为了防止周末休息后忘记打印，我们可以在便签上写下“打印”，贴在电脑显示器边上提醒自己。下周一看到这条提示，就肯定不会忘记打印了。

我们还可以给自己设一些“圈套”，等待自己“落入其中”。

例如，当我们需要为别人转交信件时，为避免自己忘记，可以不将信件完全放到抽屉里，而是露出一个边。我们甚至可以将信件放到鞋边，这样在外出换鞋时就一定会看到。

此外，我们还可以利用智能手机或智能手表的提醒功能给自己发送提示。

这样巧妙地应用提示信息就可以帮助我们回想起该做的事。

全部记录下来

为了防止工作上的失误，我们要尽可能地记笔记。特别是对于工作记忆有限的人来说，笔记更为重要。

那么什么是工作记忆呢？它就相当于人脑中的笔记本。

长期记忆可以被大脑长期储存，而与之不同的，为了某一特定目的而临时储存的记忆，就是工作记忆。

例如，我们的大脑中有如下这些并列的事项：

到了学校，要先去打印；

今天必须要和旅行社联系；

A同学说过要取走一些钱。

你一边想着这些事，一边进入了办公室。此时，有人告诉你田中今天发烧请假了。你回复道：“好的，知道了。”然后告诉自己要记住这件事。这之后，你又去找了年级主任，他对你说：“今天中午请你召集一下执行委员们。”如此一来，你可能就忘记要先做哪项工作了。

在工作过程中，各种信息不断进入到我们的大脑。

无论我们多么努力集中精神，当新的信息突然进入时，大脑还是会不自觉地将注意力转移到新信息那里而忽略旧信息，这就是我们容易犯错的原因。因此，时常会有“刚才明明还记得很清楚，不知道什么时候就忘了”的情况发生。

我们可以通过减轻工作记忆的负担来减少失误，记笔记就是减轻工作记忆负担的好方法。当我们把事项记到纸面上，就会相应地释放出一部分工作记忆的容量。如果将工作记忆比作一只手，那么记笔记就是在帮助这只手放下原本拿着的东西，如此一来手就自由了，工作的准确度也会提升。

如果我们承认“人是健忘的”，那么建立提示机制就显得尤为重要。不要试图做到不遗忘，而要思考如何才能拯救容易遗忘的自己。进行这样的思维转变是解决容易遗忘的问题的第一步。就像视力欠佳的人要戴眼镜一样，记忆力欠佳的人要学会记笔记，这是我们能够利用的有效工具。

专栏 三

工作积极却影响了工作氛围

事与愿违的是，有时在工作中表现积极的教师反而会在不经意间影响学校的整体工作氛围。教师本人往往出于善意去做某些工作，却会让事情变得更加难以解决。

有这样一位教师，他工作十分积极，为了将毕业典礼策划得更加别致，每晚都加班到很晚，精心地制作视频。典礼上，当学生领取证书时，大屏幕上会出现这个学生一年级时的入学照。在漆黑的会场中，灯光会从四面八方聚集到学生身上。这一幕感动了所有人，毕业典礼举办得非常成功。

因此到了第二年，家长和学生都十分期待可以参加相同的毕业典礼。对于这位教师来说，他这样做是为了学生；而对于学校来说，一旦有新的尝试，就不得不延续下去，无形之中增加了其他教师的负担。当然，这位教师并没有错，家长和学生的期待也没有问题。

学校教育在某种意义上是一项公共服务。就像有位市民在市政窗口接受了一次优质的服务，第二天工作人员换了，他没有受到同样热情的招待，于是就会对服务产生不满。在学校这一场景中，家长与学生往往也抱有同样的心态。

如果我们仅仅出于“为学生着想”的目的而没有边界感地给自己增加工作量，在工作时间以外有许多额外的付出，那么我们要意识到，这样的付出极易透支，并不能够长久地维持下去。

对于学校的工作来说，能够具有持续性和普遍性十分重要。持续性是指我们能够长期持续进行这项工作；普遍性是指其他人也能够轻松地完成这项工作。

例如，有的教师会进行这样一项工作：每天给3位家长打电话，称赞学生。如果其他教师也都这样做的话，会怎样呢？假设学校一共有20个班级，就要呼出共计60通电话，那么学校的电话网络每天都会很繁忙，对于教师来说这项工作也会成为负担。乍一看这个做法似乎很不错，但它却并不具有持续性和普遍性。如果有些工作勉强才能完成，那么我们没有必要坚持下去。

工作积极的教师扩大了工作范围，会使其他教师感受到工作上的压力。这件事听起来有些荒谬，但事实的确如此。

因此当我们准备开始一项新的尝试时，也要对其持续性和普遍性进行考量。

第4章 物品整理

何谓“物品整理”

在准备装订资料时找订书器；

在资料架上寻找以前的教案；

在批改作业前到处找笔；

在电脑中搜索去年保存的文件夹。

毫无疑问，这些找东西的行为不产生任何价值。我们每年花费在这些不产生价值的事情上的时间到底有多少呢？据说多达每年150个小时。如果按照每年250个工作日来计算的话，平均每个工作日我们就要浪费36分钟。可是如果每天我们能把找东西的时间缩短到6分钟，相应地也就能多出30分钟的工作时间去做更有意义的事。

此外，找东西还会打乱我们的工作节奏。当我们沉浸在某项工作中却突然发现缺少某样必需品时，即便能够马上找到，工作节奏也会被打乱，注意力也会分散。

因此，无论是为了保证工作时间，还是为了保证工作节奏不被打乱，做好物品整理都至关重要。话虽如此，但学校的工作总是千头万绪，文件、资料往往堆积如山，在这种情况下对自己的整理能力仍自信满满的教师恐怕并不多。那么我们就来讨论一下具体应该如何做好整理。

扩大工作空间

拥有足够的工作空间对于快速推进工作至关重要。即便只是订正作业，桌上放四个笔记本与只放一个笔记本的工作效率也完全不同。

工作空间越宽敞越好。如果桌面空间过于狭小，那么连展开资料都会变得十分困难，而我们的很多工作又都需要将资料展开，如批改试卷、研究教材等。因此，我们应该尽力使办公桌上的物品极简化。空间扩大后，我们才能摊开各种资料进行工作。

因此，让我们重新评估一下办公桌上所有物品的价值吧。它们是只能放在桌面上，还是能收纳到抽屉里呢？

桌面的空间在某种程度上代表了你的思考空间，桌面空间越大，你的思考空间就会越大。

桌面物品精简了，工作效率也会随之提升

减少文具的方法

首先，我们可以把抽屉里和桌面上的所有文具汇总到一起。

文具大致可以分为3类。

①每天都会用到的；

②每周或每个月偶尔会用到的；

③可以扔掉的。

其次，我们可以先从第3类文具着手处理。

桌面杂乱的原因之一是物品过多。我们的笔筒中积攒了太多的铅笔、签字笔，但常用的往往只有一种，因此我们只保留其中的一种即可。可以将其他的笔放到储物架上保管，如果遇到残品就直接扔掉。桌面整洁了，我们也能立即找到需要的物品。因此，让我们只保留文具中的“精兵”吧。

最后，我们要处理第1类和第2类文具。

我们可以先确定好用于文具收纳的抽屉。假设使用办公桌右侧最上方的抽屉，我们可以将第1类文具先放进去，就我而言一般是红色钢笔、圆珠笔、印章等。第2类文具则可以放进紧挨着第1类文具的更靠里的空间，具体来说可以包括剪刀、订书器、尺子等，再靠里还可以放夹子、橡皮筋、笔芯等。

按照使用习惯摆放文具，将使用频度越高的文具放在越靠近自己的地方，这样我们既能保证桌面有足够的空间，又能快速找到需要的文具。

使用抽屉进行收纳

扁平的抽屉：临时放置正在使用的资料。

第1个抽屉：将文具分别收纳到小盒子里。

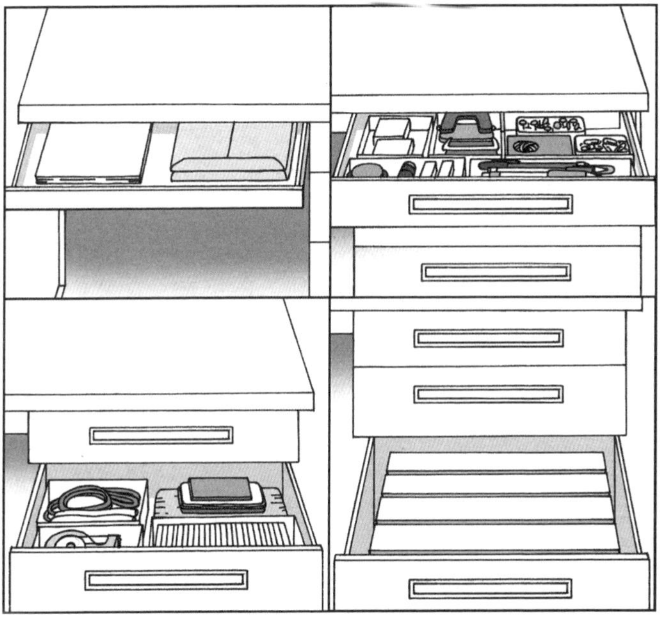

第2个抽屉：放置零碎物品，如CD、体育用品等。

第3个抽屉：放置一些文件盒，贴上分类标签，收纳当前不使用的文件。

精简资料的方法

我们应该只保留必要的资料。例如现在所教班级的资料一定不能丢弃，而其他资料我们可以每年整理一次，及时做“断舍离”。判断资料是否必要的标准是一年内是否使用过。如果是过去一年中从来没用过的资料，那就勇敢地丢掉它吧。

数量最多也最难判断的也许就是教研相关的资料了。它给我们一种“说不定还会用到”的错觉，让我们无法下决心扔掉。可是如果一直这样留存下去，资料会越积越多，让人无法分清究竟留存了些什么，最终也不会再看。

我们要有“断舍离”的觉悟。如果我们实在放心不下，可以花些时间将资料制作成PDF文件留存。现在的扫描仪可以一次性扫描上百张纸，我们可以很方便地将纸质资料转化为电子文档储存到电脑中。

如果学校还未配备扫描仪，我们可以申请。如果很难实现，也可以考虑自行购买，虽然有点贵，但它一定会使你感到物有所值。

管理数据的方法

现如今我们可以将各种各样的信息数据化，从而保存到电脑中。如果我们不注意对文件进行分类，可能会导致各种数据混杂在一起。

用电脑保存文件，我们可以遵循两个原则。

①按照年度、工作内容分类

我们可以将文件夹按照年度、工作内容进行分类：年度是第1个层级，工作内容是第2个层级。如果将层级不同的内容保存到一起，则容易引起混淆。

②每一个层级最多设置7个子文件夹

如果一个文件夹内有太多的子文件夹，会导致难以分辨，因此最多保留7个。

将文件夹按照年度、工作内容的层级进行分类

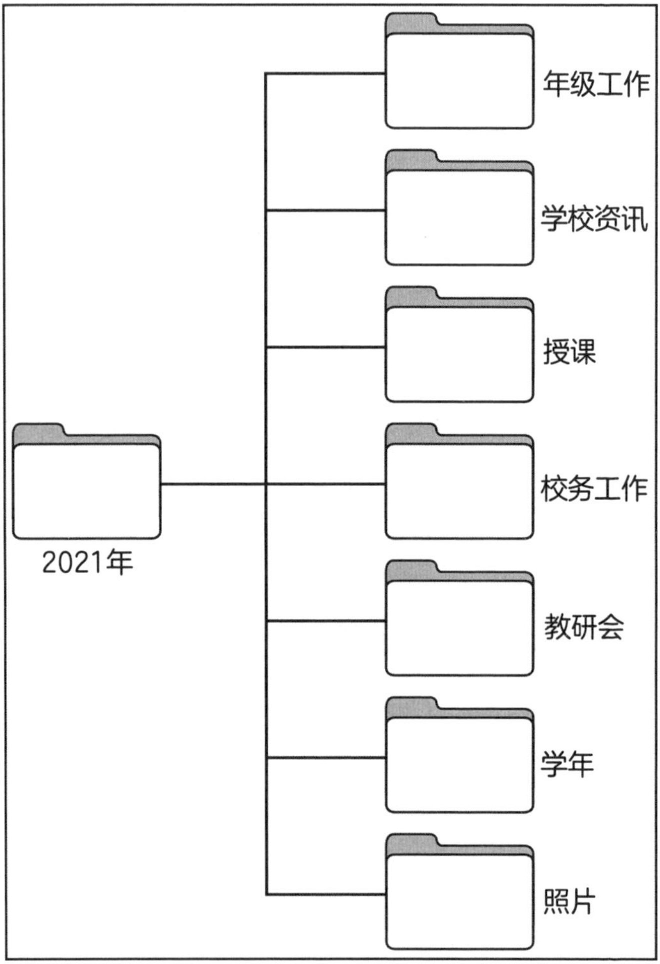

用资料筐收纳

教师要用到的资料往往多种多样，如试卷、课上的习题、总结的材料等，要将它们整理好的确有些难度。如果将这些资料都堆放到一起，你就会得到一个“金字塔”，要用的资料往往也无从找起。

如果你将一沓杂乱无章的资料拿到课堂上，很可能会为了找资料而不得不中断课程，弄得纸张四散、自己手忙脚乱，课堂的节奏也会被打乱。这种状况实在太糟糕了。

为了避免这种情况，我推荐大家使用资料筐来进行收纳。

我们可以利用A4或B4大小的资料筐来收纳，将资料按照使用顺序排列，将试卷用不同颜色的标签进行分类，这样一眼就能分辨。此外，作业可以被单独放置到一个资料筐中。如此一来，各种资料就可以被清晰地、分门别类地整理好了。

不要让资料“沉睡”在办公桌上

我们不要总是将资料铺开摆放在桌面上，铺开摆放的应该仅限于我们正在使用的资料。

为什么要这样做呢？因为如果我们一直将资料铺开摆放，新的资料就只能叠放在旧的资料上面。如此一来我们就很难清晰地把握桌面上究竟放了些什么，接着就会出现遗忘、丢失等问题。因此最好不要将资料铺开、重叠摆放。

我们要将资料整理到文件夹中保存。需要立即提交的资料可以放在“周计划”的文件夹中保存，不需要提交的资料可以直接废弃或者放到下层抽屉的文件盒中，这样就能确保大部分资料都被分类保存到了相应的文件夹中。我们要避免让资料“沉睡”在桌面上。

将资料堆在桌面上容易造成混淆

使桌面布局保持一致

一般来说，教师会有两个桌子：办公室的桌子和教室的桌子。我们可以使两个桌面的布局保持一致，但所放资料的性质各有侧重。这样既可以从同样的位置找到同一类物品，又可以根据资料性质确定究竟该在哪个桌上寻找。

我们可以在教室的桌上放教学相关的资料，如教材、课堂习题等；在办公室的桌上放近期需要使用的事务性工作相关的资料，如会议资料、校务资料等。如此分类后，我们可以将暂时不用的物品放入置物架或抽屉。

养成做小清扫的习惯

我们时常会多出一些意想不到的短暂的空闲时间，如会议迟迟不开始或是离约定还有一段时间。我们可以利用这些碎片时间整理办公桌，做一个5分钟左右的小清扫：清理橡皮屑、擦拭电脑……污渍随处可见，准备一些湿巾或去污海绵可以方便我们随时清理。如果平时能够养成利用碎片时间做小清扫的习惯，就不用经常开展大扫除了。小清扫不需要太费力，还能使环境更清爽。让我们养成这个习惯吧！

利用收纳盒分类整理

我们最好不要直接将文具放入抽屉中，而是应该先用收纳盒对抽屉做分区，再将文具放入相应的区域中。

这样做有两个好处。

第一，便于整体搬动。因为办公桌并非我们的私有财产，一旦需要移动工位，我们就要对它进行全面清理。如果我们将物品收纳到收纳盒里，就可以快速地完成搬动：从抽屉里取出收纳盒，放进纸箱，再擦拭一下抽屉内部就可以了。

第二，使用收纳盒会使抽屉内部更清洁。市面上有各种大大小小的收纳盒，大家可以根据自己抽屉的尺寸挑选。

放入收纳盒保存，方便搬动

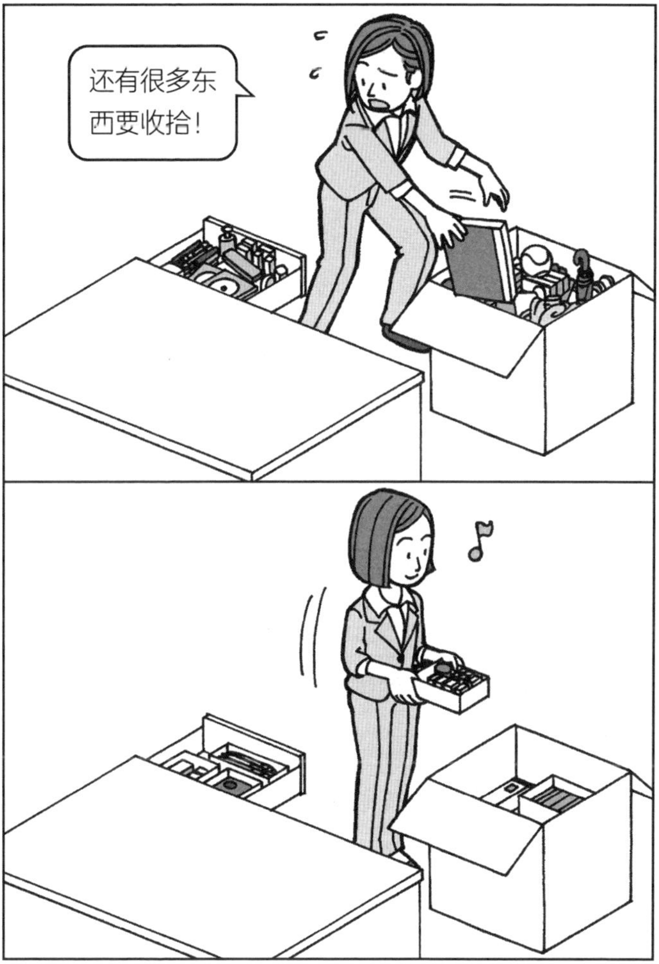

在脚边放置“暂时保存箱”

我们在工作中会生产很多垃圾。特别是纸质资料往往很难处理，我们时常会犹豫是否要扔掉某份资料，而扔掉后可能又发现它还有用。如果是重要的资料，重新购买又会造成时间的浪费。

为了以防万一而留存所有资料又会很麻烦，有用无用的资料混淆在一起会让我们在需要时无从找起。

如何处理纸质资料是一个难题。我们可以这样做：先暂时将纸质资料保存一段时间，之后再判断处理。

建议大家在办公桌下设置一个“暂时保存箱”。我们可以在放包的置物架下面放置一个B4尺寸的资料筐，将纸质资料都暂时保存在这里。每两周对里面的资料重新进行分类处理，将有用的资料收纳保管，将无用的资料丢弃或粉碎。资料筐最上面的资料往往是新放进去的，我们可以先将这部分排除在外，其他资料都按照以上方式分类处理。

这样暂时保存后再处理，我们就能够找回仍然需要的资料，以便及时补救。

暂时保存后看情况处理

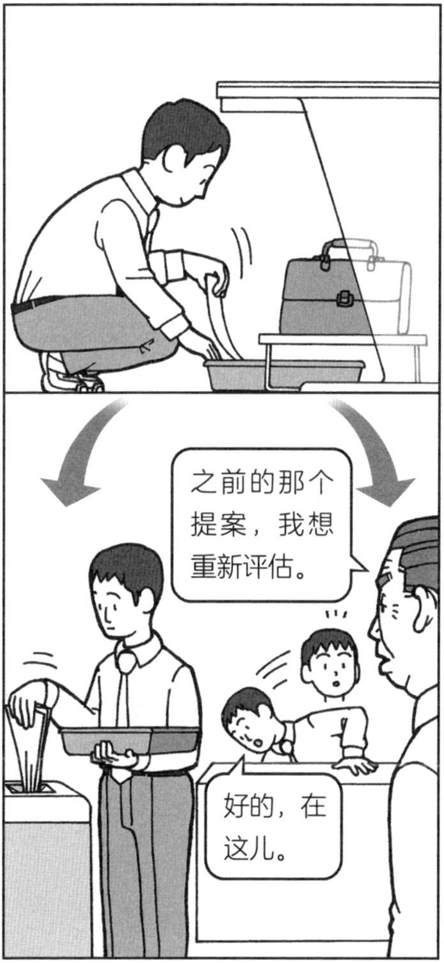

专栏

休息时间要专时专用

你有没有将休息时间专时专用呢？教师的休息时间是有法律保障的。在校期间，你是否忽略了休息？其实午休时我们可以去更衣室的沙发上躺一会儿，甚至可以看看漫画。

午休时，我一般会先去确认一下学生的情况，然后再去休息室。相关规定指出，教师数量超过50人的学校都需要设置休息室。即使学校因为规模小而没有专门的休息室，我们也可以利用更衣室等空间，暂时离开学生，抽时间让自己放松。如果可能的话，学校可以建立轮流巡视制度，既可以确保学生的安全，也可以为教师休息提供便利。为了能够健康工作，我们要想方设法地确保自己的休息时间。

第5章 事务性工作

何谓“事务性工作”

在某种意义上，教师也是一名办事员。我们要做的事务性工作其实意想不到地多，如提交文件、编辑公文、准备会议等，都是教师的任务。这些事务性工作虽然乏味，却十分重要。

或许有些人会认为这些工作与学生没有直接关系，可以偷懒应付一下，其实这种想法并不可取。事务性工作也是教师工作的一环，我们应该尽可能地快速熟悉工作流程，减少失误。那么我们该如何应对这些事务性工作呢？在下文中，我将为大家介绍一些工作方法。

制订“三段式计划”

有些人在处理事务性工作时，总会拖延到临近截止日期，令自己手忙脚乱、焦头烂额，还会抱怨“策划案没有做出来”“不知道该如何处理”。此时，当事人不仅自己感到为难，还会给身边的人添麻烦。身边的人会来帮助当事人分担工作，但是心中不免抱怨。

为了减少因疏忽大意而漏掉工作的问题，我们可以采取的方法是：制订一个“三段式计划”，并将其写到周计划中。

例如，两周后要举办研修会，那么在此之前我们可以设定好“资料制作日”“演讲内容研讨日”等计划。制订这些计划看上去十分烦琐，但对怕麻烦的人而言效果反而更好。

将一项大任务分解成若干个小任务能够避免遗漏。我们很难在临近截止日期时一步到位地做出高质量的内容，所以我们可以尝试将大任务拆分成小任务，再分别设定小任务的截止日期，有计划地推进。

制订“三段式计划”

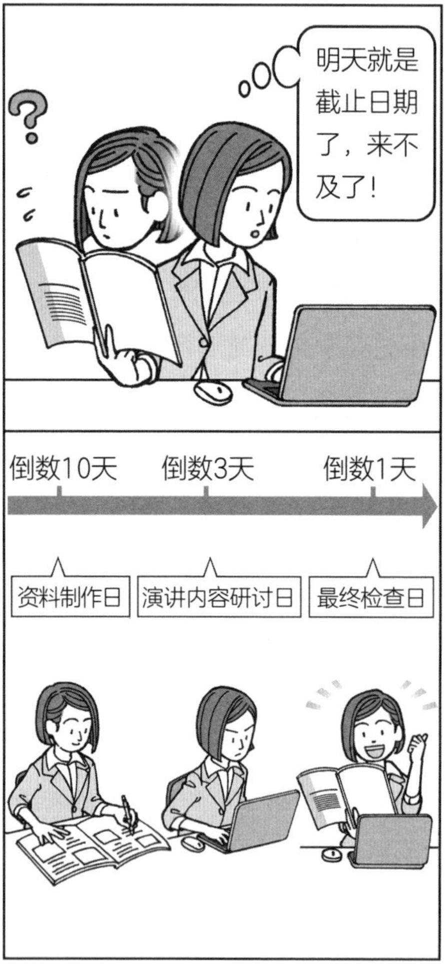

先试着迈出第一步

我们要开始一项大工作量的任务时，往往需要鼓足勇气，因为繁杂的工作会令我们望而生畏，很难迈出第一步。

实际上，我们越是思考就越难迈出第一步。美国的主持人梅尔·罗宾斯（Mel Robbins）提出了“5秒法则”：当我们想要去做某事时，倒数5秒，就开始行动。

如果思考5秒以上，我们可能就会开始寻找不做这件事的借口。往往是最初的5秒决定了你后续的行动。

因此，当我们面对一封棘手的邮件时，可以在心中默念“5、4、3、2、1、开始”，然后迅速阅读并回复，不给自己时间去找拖延的借口。如此，我们的工作效率将会大幅提升。

心理学家埃米尔·克雷佩林（Emil Kraepelin）提出了“行动兴奋理论”：一旦开始行动，我们的状态就会渐入佳境。

假设我们制订了一个“每天读10页书”的计划。最初几天，也许我们能够勉强坚持阅读，但是过一段时间，我们就会开始寻找各种借口逃避，想着“今天太忙了”“有些疲倦”，于是阅读计划就成了“三天打鱼，两天晒网”。

那么，我们要如何改进呢？

答案很简单。我们可以先将目标设定为“每天读1页书”。如果你能够先读完1页，那么接下来你可能就会想再读2、3页，不知不觉你可能就读完了10页。

工作也是一样，正因为我们还没有开始去做，才会感到棘手。所以我们可以利用“5秒法则”和“行动兴奋理论”。你要意识到最重要的是开始行动。

例如，要制作资料，我们可以先新建一个文档并保存；要准备教案，我们可以先填写好标题和姓名。一旦开始着手去做，可能就停不下来了。

我们可以抱着“即使只做一点儿也没关系，先试着做一下”的想法开始行动，这才是更高效的方法。

诀窍在于“先试着做一点儿”

完成前20%的工作后就征求意见

返工会造成时间损失。例如，我们花费了大量时间制作年级新闻或策划案，最终却被要求返工，这会浪费很多时间。返工的原因往往是我们与领导对工作的认识存在差异。即使事先认真商量过，我们与领导之间也可能出现误会。

为了避免这种情况，我们在推进细节工作之前，可以先让对方确认一下已经完成的部分。

例如，在制作策划案时，我们完成了前20%的工作后，就可以与领导商量一下目前的内容是否可行。这样即使方向错误，我们也有充足的时间进行修改。所以我们要尽量快速地先完成20%，然后征求领导的意见，确认后再继续推进工作。

另外，这样做的话，领导在看到最终成果时也能看到自己的意见被融合到了方案里。如此一来，参与过指导的领导也会把这份方案当作自己的事，这利于方案被审查通过，也利于建立良好的合作关系。对我们自己而言，这样做也能使我们收集到更多宝贵的信息。

因此，让我们在完成了前20%的工作后，就去向关键人物寻求意见吧！

完成前20%的工作后就交给关键人物审阅

产生矛盾时先确认彼此的目的

无论我们如何摆事实讲道理，有时就是会遇到一些人固执地坚持自己的看法、不同意我们的提案，这其实是因为他们害怕改变。

例如，他们也许会认为：“按照往年那样去做不就行了吗？有必要这么费功夫吗？”

这种批判往往固执而强硬，所以我们要提出新的活动或研究方案时，就需要掌握让大家快速达成共识的方法。

这个方法就是：提高目的的抽象度，也就是让焦点回归到最初的目的。

例如，我们要提出一个制定评价方法的新方案，有人反对，认为如此复杂的评价方法很难实现。

那么此时就需要我们通过提高目的的抽象度来进行阐释。

我们可以这样说：“这的确有些困难，我们当中的新手教师比较多，可能会让大家对引入新的评价方法有所顾虑。但就另一方面来说，如果我们没有统一的评价方法，新手教师也容易不知所措，对此您怎么看呢？”以此来寻求双方意见的共同点。

我们还可以进一步解释："所以我们需要制定的是对新手教师来说也简明易懂的评价方法，也就是说，我们需要引入新的评价方法。"

如此一来，便可以获得多数人的认同。

因此，当我们的提议与他人的想法产生矛盾时，可以通过"提高目的的抽象度"来阐释观点。请大家一定要试试这个方法！

与3种类型的人进行事先沟通

在会议上，方案通过的人与方案没通过的人之间的差别在哪里呢？会议上会有不同的人提出各种各样的方案，但有些方案却很难通过。

造成差别的原因之一在于他们是否进行了事先沟通。

如果我们在会议上因为意料之外的提问不知所措，这就证明了我们没有事先做好沟通。

解决这一问题的方法在于会议前要与3种类型的人先进行沟通。

这3种类型的人分别是：

> ①决策者；
> ②反对者；
> ③赞成者。

经过事先沟通，方案就会更容易通过。

决策者就是团队中权力最大的人。在学校里，多数情况下校长是决策者。首先，我们要向决策者阐述自己的想法，表达自己的热忱。

接下来，我们就需要寻求反对者的意见，在征求意见的同时了解对方的底线。

对赞成者我们也要事先打好招呼，请他们在会议上多多支持。

做好这三方的工作后，可以说已经万事俱备了。事先沟通决定了我们的方案能否在会议上获得通过。

在会议上，有的人之所以提出反对意见，是因为抱有“如果不提出一些反对意见，就会显得自己失去了威信”之类的想法，他们往往是为了维护自己的面子而表示反对。针对这种情况，如果我们进行了事先沟通，会让对方感受到自己的意见得到了尊重，这有利于双方在会议上达成一致。尽管事前费些周折，但从结果上来看，这却是更加高效的方法。

所以我们不妨试试这个方法，让自己的方案更加顺利地通过吧！

演讲需要练习

在自己不熟悉的场景下发言会让人感到十分紧张。我们在全校大会、研修会之类的场合发言，往往容易感到不知所措。

新手教师的紧张还情有可原，但骨干教师如果也感到紧张，则难以得到他人的理解，甚至教师的能力还会遭受质疑。

教师本来就是以“讲述”为职业的，我们是“讲述”的专家。对于讲话发言类的工作，教师应该做到自信从容地娓娓道来，而不是机械地朗读事先准备的稿子。

预防紧张的方法只有一个，那就是多加练习。

当我作为生活指导主任需要在全校大会上发言时，我通常会在前一天站到台上练习。我会事先写好演讲稿，考虑在台上的站位和讲话时的停顿。因为是一个人在台上练习，所以在旁人看来我可能有些怪异，但练习会使我在正式发言时自信从容。为此，很多人都问过我：“你为什么能讲得那么好？”实际上只是因为我做了事前练习。

此外，为了准备分享会，我通常还会提前一个星期就开始背稿。每天睡觉前和起床后，我都会将稿子通读一遍，这样就能非常流畅地背诵下来。由此，发言时就能做到从容不迫、滔滔不绝了。

要知道，紧张往往是由于缺乏练习。因此当我们需要公开发言时，一定要做好充分的练习，事先进行彩排。

重要讲话前需要练习

不要和别人在同一个时间点做事

早上，大家都会聚集在复印机旁排队，以至于很难用上复印机；下课后，教师们会聚集在办公室闲聊，而不是探讨工作，以至于都无法很好地推进工作。

解决这个问题的方法是：不要和别人在同一个时间点做事。

在等待与混乱中浪费的时间是最为可惜的。比如使用复印机的高峰时段一般是在早上和放学后，因此我们可以在大扫除等无人使用复印机的时候来复印。

这样你就会像是乘上了一辆不用停车等待的特快公交车，工作的进展会更加顺利。

使用好控制键

在使用电脑制作资料时，如果不停使用鼠标进行复制、粘贴等操作，会浪费很多时间，而如果我们能够熟练地使用控制键（Ctrl）就会轻松得多！

例如，按住控制键的同时再按“C”，就可以复制；按住控制键的同时再按“V”，就可以粘贴。

无论是制作Word文档还是Excel表格，使用控制键操作都能让工作效率提高2~3倍。

我们最初可能会因为不适应而操作缓慢，但只要形成习惯，速度就会快起来。

因此，让我们一起来记住这些按键的使用方法吧！

控制键使用一览表

基本按键①	基本按键②	功能/效果
Ctrl+	A	全选
Ctrl+	S	保存文档
Ctrl+	C	复制选中的内容
Ctrl+	V	粘贴选中的内容
Ctrl+	X	剪切选中的内容
Ctrl+	Z	撤销上一步的操作
Ctrl+	Back Space	向左删除一个英文单词或者一个中文词语
Ctrl+	Enter	批量填充指定内容
Ctrl+	I	对选中的内容进行倾斜
Ctrl+	R	将内容右对齐
Ctrl+	L	将内容左对齐
Ctrl+	Home	将光标移至本篇文本的开头
Ctrl+	F	出现“查找替换”对话框中的“查找”列表
Ctrl+	H	出现“查找替换”对话框中的“替换”列表

边听边写报告

关于撰写会议记录、写研修会的总结报告、修改策划案等工作，在会议结束后通过回忆将内容整理成文字是比较浪费时间的。会议结束后的修改不仅麻烦而且效率低下，万一再有疏漏，情况还会更加糟糕。

因此，我们可以在会议进程中就用电脑进行记录，与大家边看资料边讨论。

参加需要向学校反馈的研修会时，我们可以在会议过程中就完成报告，这样会议一结束我们就可以立刻向学校汇报。

在讨论如何修改策划案的会议上，我们同样可以一边讨论一边修改策划案。

这样一来，讨论与记录或修改同时进行，有效地减少了时间的浪费。

快速传递任务

当有任务交接到我们手里时，我们要尽快处理，然后迅速地传递给下一个人。

当资料传到我们手中时，我们就像是球场上接到球的球员，此时最重要的就是把球传出去。

此外，快速将任务传递给下一个人也可以减少身边人的困扰。

在学生在校期间为事务性工作做准备

即使学生还在身边，我们也可以处理事务性工作。当然，我们可能很难做到对着电脑整理资料，但仍然可以用笔做些写写画画的准备工作。

例如，我们可以忙里偷闲地检查会议资料，也可以利用课间、学生用餐时间等碎片时间粗略地看一遍资料，用红笔做一些标注。学生放学后，再根据自己已经做好的标注，在电脑上一气呵成地完成修改。

因此，我们可以在学生在校期间为事务性工作做准备。

专栏

睡眠时间和教师的工作

大家的睡眠时间通常为多久呢？有没有得到充分的休息呢？

日本的调查数据显示：日本人的睡眠时间正在逐年变短。2008年睡眠时间不足6小时的日本人口占总人口的比重还不到30%，而这一数据到了2015年就急速增加至接近40%。

美国宾夕法尼亚大学的研究团队曾经做过关于睡眠的实验。研究人员召集了48名健康的男女被试者，然后将他们分为4组。第1组三天两夜不睡觉，第2组每晚睡4小时，第3组每晚睡6小时，第4组每晚睡8小时。后3组的睡眠模式需要维持两周。在整个实验过程中，研究人员会记录下被试者的认知能力和反应能力测试成绩的变化。第1组被试者的成绩在第一天尚可，但从第二天开始就急速下降；第3组被试者的成绩在最初两天基本没有变化，但之后的脑部活动水平却逐渐下降。此外，两周后第3组被试者的成绩几乎降为第1组的同等水平。也就是说，如果你持续两周睡眠时间均在6小时左右，那么你的认知能力会与彻夜不眠的人相差无几。而且，实验还显示第3组被试者很难意识到自己的脑部活动功能正在衰退。

我读过一本讲解“4.5小时睡眠法”的书，也曾挑战过一天只睡4.5小时。因为每天可支配的时间变长，我感觉人生都变长了。可那时即使醒着，我也感到头脑昏昏沉沉的，在工作中经常出现失误，记不住学生说过的话，也经常忘记领导交代的事情。此外，我还很难控制自己的情绪，变得易怒，工作也很受影响。从那时起，我就提醒自己至少要保证每天有7~7.5小时的睡眠。

在睡眠有了保障之后，我工作中的失误减少了，也能够更加心平气和地与学生沟通了。

教师这份工作，需要我们经常及时作出判断，如指导学生、提出课堂建议等；还需要我们在同一时间内记住并做到许多事情，如同时进行分发学案、转交学生信件、组织学生集合等工作。面对如此繁杂的工作，充足的睡眠时间必不可少。

当然对不同的人来说，合适的睡眠时间可能有所不同。因此，请充分地了解自己的睡眠习惯，并努力使自己拥有充足的睡眠吧！

第6章

与同事的合作

何谓“与同事的合作”

在学校，我们需要与同事协力合作，共同推进工作。尤其是和教授同一年级的同事，我们更是经常需要共同组织活动。

无论我们用多么高效的方法完成了自己班级内的工作，如果不去关心、参与年级的工作，依旧不能算是很好地履行了职责。的确，我们如果承担了班主任的工作，就会自然而然地认为自己的工作就是培养好本班的学生，但其实我们应该尽力照顾学校里的所有学生。

无论是年级内部的工作还是全校性质的工作，都需要教师之间的相互协作。我将在下文介绍一些与同事合作的工作方法。

将公用物品放在走廊

我们也许会遇到这种情况：刚上课就发现将教材遗落在了其他班里，但此时去取会给别人造成困扰。为了解决这个问题，我们可以在走廊放一些本年级的教师都会用得到的公用物品。

我们可以在走廊的桌子或架子上放置计算器、画板、图书等物品，这样无论谁在课堂上临时需要都可以及时取用。但如果学校曾因放置物品发生过纠纷，我们则需避免使用此方法。

走动时多观察

当我们从办公室走到教室时，可以尽可能多地尝试不同的路线，看一看其他班级的状况。虽然仅仅是从其他教室经过，无法看得特别仔细，但也可以收集到很多信息。只要从教室门前经过，我们就能感受到班级的氛围，也能大致了解课程及讲课内容。

即便只是从教室门前经过，你也能有很多发现：如果你是资深教师，当看到比较混乱的班级时，可以帮忙管理一下；如果你是新手教师，则可以注意观察老教师的上课状态。

让我们稍微改变一下从办公室去教室的路线，一路慢慢走、慢慢看，感受不同教室内的氛围吧！

不要在办公室里开年级会

你也有过开年级会的经验吗？这里所说的年级会指的是同年级教师之间的碰头会。

规模比较小的学校可能更倾向于在办公室里开年级会，但我认为最好还是不要让教师们坐在自己的工位上开会。小型会议倒还好，如果是有重要议题的年级会，那么在办公室召开会有很大的弊端。

在办公室里开会容易给人造成一种错觉：我们不是在开会，而是在闲聊。这样的会议容易中途被人打断，其他参会人员也不得不等待会议回到正轨。此外，在办公室里开会还容易使会议进程变得拖沓。因为没有明确的开始和结束时间，教师们很容易掺入一些杂谈，使会议难以结束。

如果换个环境开会，我们在走到会议室的过程中就能逐渐进入状态，意识到“会议开始了”，而且进入开会状态也可以避免一些与议题无关的杂谈。

如果只是简短的会议，也可以在办公室里创造出一个开会的区域，让大家聚集到专门开会的区域进行讨论。

不可动摇的原则是：讨论问题时一定要转换环境。

此外，我们可以轮流使用各个教室开会，以便让大家有机会参观不同班级创设的环境。

留存详细的提纲

为开年级会做准备时要制作提纲，我们可以将其事先整理为Word文档，写明主要的议题。

实际上，制作会议提纲是一项费时费力的工作。我建议年级组长可以每天都做一些积累，将观察到的需要在年级会上讨论的事项随时记录在笔记中。

可以在笔记中分条目罗列各个事项，随时写下自己的想法。方便时再将其打印出来，分发给大家，供开年级会时讨论。

开会时，年级组长可以一边开会，一边在议题下方记录讨论的意见，会议结束后将新的修改版内容分发给大家，这样就能切实地做到信息共享。此外，我们还要将详细的提纲留存好，因为这份资料可能会成为未来接手这一年级的教师的重要参考。

学年初确定活动负责人

当学校有活动时，临时选定活动负责人的方法是不妥当的。这可能会使任务总是被分摊到固定的几个人身上，尤其容易导致年轻教师承担过多的任务，有失公平。

因此，在新学年开始时就应该划分工作、确定好各项活动的负责人。我们可以先参考前一年的活动，列出学校一整年活动的名称，将负责人一栏留白，再在年级会上讨论工作的划分，将最终确定的负责人填入表中。

按照这种方法确定好负责人后，即使学年内某项活动的相关工作突然需要处理，相应的负责人也能够及时跟进。

例如，预先确定好负责社会实践活动的负责人后，当旅行社有人来与学校进行对接时，相应的负责人就可以直接与对方接洽。

因此，请在学年初就确定好各项活动的负责人吧！

年级年度安排

☆学校事务分配与组织安排

☆年级目标

标题:

副标题:

☆年度安排

3月	4月	5月	6月	7月	暑假
9月	10月	11月	12月	1月	寒假

☆各学科负责人

语文（　）　数学（　）　英语（　）

科学（　）　社会（　）　道德（　）

体育（　）　手工（　）　综合（　）

特别活动（　）

☆大型活动负责人

- 教学研究（　）
- 运动会:

  团体表演（　）　团体竞技（　）
- 社会实践（　）
- 研修旅行（　）
- 与特别帮扶班级的交流会（　）
- 毕业音乐会（　）
- 毕业典礼（　）

积极参与年级的工作

提高工作效率的重要方法是尽量多做一些自己力所能及的工作。

“为了可以尽早下班，要多承担一些工作”这句话看似有些矛盾，但其实“早下班”与“多承担工作”这两者之间是相辅相成的，我们要意识到提高工作效率并非让我们应付工作。

如果我们不承担一些力所能及的工作，总是下班就回家，那会怎样呢？可能在一段时间内我们感到很轻松，但逐渐就会惹来非议，有人会说：“那个人什么也不做。”“他能尽早回家是因为不承担年级的工作，那些他没有做的工作却由我们分担了。”

这样一来同事之间就会失去信任，由此可能会对工作产生消极的影响，甚至影响到我们的心理健康。因此，逃避工作并不是好的选择。

让自己活跃起来，多承担工作，这样反而有助于我们实现提早下班的目标。即使我们没有分配到任务，也可以每天尝试为年级做一些力所能及的工作，如：

> ①复印作业材料；
>
> ②分享教材的研究资料；
>
> ③制作年级新闻。

我们要尽可能多地熟练处理年级的工作，力所能及地帮助其他同事。这样我们即使早早下班，也可以避免来自同事的消极评价。

如果有人提出："谁愿意承担这项工作？"我们可以积极地响应，然后尽快处理完。这样一来，同事的评价就会转变为："他为年级承担了许多工作，却依旧可以做到按时下班。实在太有效率了！"这样就可以避免他人的怨言。

多承担年级的工作并高效地完成，可以说是按时下班的必要条件。

多说一句很重要

通过实践本书的方法，你或许很容易就可以做到按时下班。但也许同事会对此颇有微词，产生诸如“年级的工作还没有完成，居然就回家了”的抱怨。

因此，我们在回家之前可以先说一句“那我就先走了，有什么需要帮忙的尽管说”。

如果其他同事真的有需要帮忙的事情，我们可以伸出援手。不过每天都这样说可能会有些尴尬，所以如果其他同事都在忙的话，就小声地与身边的同事说一声吧。

设置共享箱子

如果你在班级里做了一些新的课堂尝试，可以将资料在年级里共享，但有时也没有必要将资料分发给每个人，因为有的教师可能并不需要，打印很多份的确有些浪费。此外，大家都有自己的教学方法，将资料分发给每个人容易令人产生强加于人的感觉，这种做法并不妥当。

我们可以在年级办公室里设置一个箱子，方便大家共享资料。

大家可以将打印出来的资料放到箱子里，这样一来资源共享就变得简单了。愿意共享资料的教师不需要为打印分发而烦恼，想用资料的人也能够直接自取。

此外，在学年结束时，我们可以将这些资料分学科汇总，扫描保存。每个人都可以贡献出自己所擅长的领域的资料，这样大家备课也会变得更轻松。

有效利用公告栏

越来越多的学校已经开始使用电子公告栏。我们可以利用它进行信息共享，最好能够将各种各样的信息都展示在电子公告栏上，将它更充分地利用起来。

口头传达容易使信息变得模糊不清，也无法传递比较复杂的内容。此外，有的教师可能会因为没有参加某次会议而无法获得信息，产生“我没有听说过这件事”的困扰。

将信息展示在电子公告栏上的方法则更加可靠。如果有人漏掉了一些信息，那么显而易见是那个人自己的问题。有句话叫作“百闻不如一见”，相比于通过听觉，人们通过视觉往往能更快地获取更多信息。

因此，最理想的方法是取消烦琐的碰头会，利用电子公告栏创造信息共享的高效模式。

专栏

照顾好自己的情绪

为了能心情舒畅地工作，我们要学会照顾好自己的情绪。

例如，我们可以准备一些自己喜欢的零食。我就很喜欢吃巧克力，因此我会一次性购买许多巧克力。适量摄取糖分后，我会感到神清气爽，也能更好地投入到工作中。此外，我还在抽屉中备了许多自己喜欢的咖啡。

在手边放一些自己喜欢的零食，是一个非常直接且有效的缓解疲劳、保持身心舒畅的方法。这样一来，我们可以心情舒畅地工作，效率也会随之提升。

第7章 信息的获取

何谓“信息的获取”

教师如果不了解所教学科和社会形势等各方面的信息，就无法高质量地完成教学工作。我们既然把教书当作职业，就必须充分地了解究竟要传递给学生什么信息。

当我还是新手教师时，听过这样的说法：要拿出工资的10%用于购书。我也尽量实践了这一要求。也就是说，如果我们的月收入是20万日元，那么就要拿出约2万日元用于购书。但时代在变化，以前人们想要获取信息只能读书，而今获取信息的渠道不再局限于书籍。

我们也可以通过视频或音频来获取信息。现在市面上有一些阅读、视频的套餐服务，使我们可以用较低的价格获取各种类型的知识。我们可以拿出工资的10%用于获取信息，不断学习。

虽然学校处于社会之中，但这并不意味着社会上的信息会自动地流入学校。如果教师不主动获取，那么就无法了解社会信息。学生们看似可以接触到各种各样的信息，但实际上他们并不一定获得了有营养的信息，甚至有时会接收到错误的信息而受到消极影响。因此，教师要成为中间人，引导学生去接触有益的社会信息。那么，教师该如何在繁忙的生活与工作中获取大量的信息呢？

下文中，我将介绍一些获取信息的方法。

创造输出信息的机会

首先我们应该确定输出信息的场景。例如我们可以想象自己从悬崖坠落，一边下坠一边要组装一架飞机，为了拯救自己，我们必须要在落地前把飞机组装好。提前确定好输出信息的场景，我们就能为了更好地输出信息而设法提高输入信息的质量，由此形成良性循环。

观摩课就是一个输出信息的好机会。在一堂观摩课上，会有很多人进入我们的课堂、研究我们的教案，我们可以大量输出自己的教学理念。我就很喜欢上观摩课，自从加入了地方的体育研究会，我在12年里有6次代表全市开展体育观摩课。总之，我会抓住每一次上观摩课的机会。

即使对观摩课的相关领域不太熟悉，我也会踊跃地报名成为候补人员。如果获得了机会，我就会从零学起，深入阅读相关书籍、去研修会学习、查找文献，再进行课堂教学设计，一边备课一边不断深入学习。像这样积极获得输出信息的机会能够促使我们不断学习。但是，观摩课一年最多也不过几次。因此，我们最好能找到日常的、习惯性输出信息的机会。

例如，在晨会等时间对学生讲话也是一种输出。每天有这样的输出机会，能够促使我们不断输入、充实自我。我们可以设定一些话题，比如与学生聊聊新闻、谈谈自己最近读的书等。这样我们就会更加关注时事，读书时也更加有动力去梳理内容、记笔记。

此外，课堂也是重要的输出场景之一。我们可以针对教授的内容做一些拓展阅读，例如在教授光的知识时，可以阅读关于光学的书籍；在教授某一文化古迹的知识时，可以阅读关于历史的书籍。将课程内容与自身素养的提升紧密结合，是一种高效的做法。

确定好输出信息的场景，会促使我们更加积极地学习，自我提升。

阅读书籍

工作效率高的教师往往都是爱读书的人，而工作效率低的教师总会找借口说“我太忙了，没有时间读书”或是“并不想为这种知识付费”。

妹尾昌俊在《教师的瓦解》一书中引用了横滨市一所学校的调查数据。数据显示：每个月完全不阅读的教师占全校教师总人数的32.4%；阅读1本书的教师占比33.6%；阅读2本书的教师占比16.1%；阅读3本及更多书的教师占比不足20%。

教师的工作包含了许多内容，但究其根本是向学生传授知识。获得知识最基本的方法就是阅读。如果我们不能体会求知的乐趣，又怎么能向他人传授知识呢？为了提高工作效率，也为了更好地开展教学，我们每个月至少要读3本书。

可能有的教师会说自己并没有充裕的时间阅读，那么我向大家介绍一个可以快速提升阅读能力的方法。

这种方法的要点是：不要去“读”书，而是去“看”书。不要一字不漏地去读，而要有意识地透过文字收集书中的信息。

这就如同看活动海报，即使海报上的说明文字占了很大的篇幅，也通常不会有人一字一句地去读。人们往往会直接定位到重要的、自己想要获取的信息，如活动日期、起始时间、票价等。

同样，读书时我们也可以先将书大致翻阅一遍，重点关注标题，定位我们认为重要的信息。我们要转变思维，不是去阅读具体的文字，而是浏览大致的内容，取其精华。

这样一来我们就不需要掌握什么复杂的速读技巧了。如同鸟儿在捕食时会通过眺望水面捕捉猎物的行踪，我们可以通过粗略的翻阅找出对自己来说重要的信息，定位之后再深入阅读相应的部分。

通过使用这种阅读方法，我们可以节省大量的时间。尤其是因读书速度慢而备受困扰的教师，请一定要试试这个方法。

通过浏览搜寻信息

去书店

为了获取信息，我们可以去实体书店，而且最好是去大型的实体书店。在那里，我们可以针对自己感兴趣的内容，把与之相关的书从头到尾地筛选一遍。例如，你希望了解与特殊教育相关的内容，就可以一本本地浏览相关图书。

查看书的封面与封底，还可以看一下目录的具体内容，这样我们就可以找到一些合适的书来填补自己的知识空白。不同于口头经验或是网上随笔，一本书从策划到出版，许多人为它倾注了大量的精力，书中内容的信实度也有保障。因此，图书内容的价值也是被大众广泛认可的。

有时我们需要了解特定领域的基础知识，以此来博得学生家长、领导、同事的信任。多逛实体书店，可以帮助我们减小自身的知识盲区。

在逛书店时我们当然会重点关注教师类的书，此外我们还可以多浏览儿童学习类的书。这类书中往往包含了许多知识性的内容，其讲述方法也更贴近儿童的视角，许多例子都可以直接应用到课堂教学中。

我们还可以多浏览综合类的书，在其中寻找一些与教学内容相关的信息。例如，当课程涉及与磁铁有关的内容时，我们可以通过阅读科学类的书来储备相关知识，如此一来就可以一边教学一边提升自身的素养。

每次逛书店，我们可以先大致浏览各个领域的书籍，再购入5~10本仔细阅读。

网上购书

虽然我们知道读书很重要，但购书依旧是件奢侈的事，因为买上几十本书就足以掏空我们的口袋。

因此，我推荐大家去网上的二手书店购书，而且我个人觉得网上的二手书多数比实体店里的二手书保存得更好。

如果看到了喜欢的作者出的书，不妨试试在网上的二手书店里搜索一下，多买上几本看看吧！

去图书馆

书店里在售的书通常是新书或长销书。而有一些书虽然商业价值不高，却具有学术上的参考价值，我们可以到图书馆去找这些书。

我们可以去当地的图书馆看看，先慢慢地把整个图书馆都逛一遍，然后再借阅自己感兴趣的书。图书馆里的杂志也很多，当我们发现与自己的研究课题相关的杂志时，最好也浏览一下。如果不方便借阅杂志，我们也可以将内容复印下来。

当我们想要深入地学习某些知识时，图书馆是十分重要的，大家不妨多去图书馆看看。

利用有声书

尽管读书非常有价值，但终究有人不擅长读书，还有人没有时间读书，那么我们可以试着利用有声书。市面上有许多有声书的应用软件，甚至还可以实现倍速播放。

有声书的优点是能够帮助我们“一心二用”。我们可以在做家务、通勤时听有声书。有声书的语调往往抑扬顿挫，所以与单纯阅读文字相比，听有声书像是在听讲座。

我推荐大家利用有声书，可以先听一周感受一下。

利用有声书实现“一心二用”

深入了解课程

如果我们想更加全面、深入地把握自己的课程，也可以参考培训机构的视频。

培训机构的课程往往可以通过手机或平板电脑观看。有时购买视频课本身比较便宜，但视频课里用的教材很贵。我们并不需要教材，只需支付一些视频费用即可。

可能有的教师会认为：作为在校教师，我怎么可以参考培训机构的教学呢？我们可以这样想：从不同的角度对知识了解得越多，教授学生就会越有把握。我们可以吸收培训机构的教授方法，将其融会贯通，应用到学校的教学实践中去。

作为在校教师，我们可能无法实地去培训机构上课，此时利用线上课程是十分便利的。培训机构的教师会花费一些心思设计课程，提升学生的能力，我们可以取其长处。尤其是数学课程，他们往往会提供许多计算技巧并整理出要点，我们可以借鉴这些技巧，在自己的课堂上实践。

了解新闻

作为教师，我们最好详细了解一些时事新闻。当我们向学生讲述社会问题时，新闻就是最好的素材。我们可以通过以下途径进行积累。

①听广播

在通勤路上听新闻是一种高效的信息获取方式。当然，我们也可以通过电视节目来获取最新资讯，但通勤路上我们很难观看节目，此时通过听觉来获取信息就再合适不过了。无论乘车还是走路，我们都可以听点什么。

②利用应用软件

智能手机里有很多关于新闻的应用软件，我们可以利用它们来获取大量的最新资讯。有些应用软件还能进行个性化定制，我们可以对自己感兴趣的领域的新闻进行筛选。不妨试着利用它们来扩大自己的信息量吧！

整理思维导图

如果想提升输入信息的质量，我推荐大家将信息整理为思维导图。我们并不一定要画得多么精致，只需要把关键词圈起来，再用线描绘出相关关系即可。我在读书或听讲座时，都会用思维导图进行梳理。

画法很简单：在中心位置上写出自己思考的主题、讲座或书的标题，再从主题词的上方开始，以逆时针方向依次写出自己联想到的关键词，可以从具体逐渐到抽象。可能这幅图对其他人来说有些难以理解，但对我们自己而言，它很好地总结了思考的全过程，也便于我们日后看图回想。

思维导图对输出也会有所帮助。我们写文章或思考教案时，都可以试着用它来帮助整理、拓展思路。

当我们边听讲座边将内容整理成思维导图时，也许旁边的人会感到不可思议，以此为契机与我们展开交谈，说不定还会收获一位新朋友。

有效利用社交网络

获取信息最重要的渠道就是网络。

为了深入了解社交网络，我们需要先注册一个账号。当然，我们也可以只阅读，不发布信息。我们可以通过社交网络了解到一些有价值的教育资讯，还可以接触到时下的流行文化，了解孩子们的关注点。

正确指导学生使用网络也是教师的职责所在。无论是启发学生善用网络，还是提醒学生不要沉溺于网络，都需要我们对网络有所了解。比起“虽然我也不了解，但总而言之大家不准接触社交网络”这样的说教，“老师也会利用社交网络，但在这个过程中我发现有一些问题要提醒大家”这样的表达更具说服力。因此，我们自己要先尝试利用社交网络，了解其优点及便利性。

此外，社交网络也是信息输出的好途径。如果设定每天发布一则消息的目标，它就会在无形之中敦促我们去获取更多的信息。要注意的是，实名发布可能会存在暴露个人隐私的风险，我们可以先试着匿名发布消息。

专栏

培养兴趣爱好

有兴趣爱好是件好事。

参加工作后，我就开始培养各方面的兴趣爱好，学习格斗术、漫才、英语会话、戏剧等。

教师要拥有自己的兴趣爱好，更重要的是这样的学习经历可以帮助我们转换身份，站在被指导的学习者的角度看问题。

培养兴趣爱好的好处有如下4点。

①缓解压力

如果每天只往返于家和学校，我们就会被困在工作中。

如果培养一些兴趣爱好，我们就能进入与工作和家庭完全无关的新环境。即使我们在工作中遇到了不顺心的事，也不会影响我们的兴趣爱好。兴趣爱好可以帮助我们暂时忘却烦恼。

当我们从烦恼中抽离，就能更加客观地看待自己，压力也会得到缓解。

②助力教学方法的精进

教师的工作就是传授知识。当我们从他人那里学习知识时，就会对“如何传授知识”有更深层次的理解。当我在接受指导时，会抱有这样的想法：

“如果老师能从更简单的内容开始教，我理解起来会更容易。”

“如果老师能在这个节点给予表扬，我会很开心。”

“虽然老师自己很有实力，但是他并不擅长教别人。”

这样的经历帮助我开始反思自己在教学中的表现，让我悟到了一些传授知识的诀窍。

③结识更多朋友

教师在工作中遇到的人基本上都是同行。

如果去参加兴趣班，我们就能遇到各种各样的从事不同职业的人，这样就可以结识到教师圈子以外的朋友。

④平衡心理

当我们每天都在不断地输出时，会感觉自己的神经逐渐麻痹，潜意识里会产生一种“自己无所不知、很了不起”的想法。

当我们需要向别人求教时，就能平衡这种心理。求教时我们是学生，就可以从学习者的角度去理解学生。

将兴趣爱好发挥到极致，它就会成为我们独特的经历。我从参加工作后就开始练习格斗术，已经积累了12年的经验。12年相当于从小学一年级到高中毕业的时长，随着时间的累积，我也练出了不错的成绩。

就兴趣爱好而言，如果每次练习2~3个小时，可能很难坚持下去，那么我们可以降低难度，每次只练习0.5~1个小时。

此外，上兴趣课和上班一样，课程结束我们就要尽早回家，不要“恋战”。让我们先找到一件自己喜欢的事，以“坚持下去”为目标开始学习吧！

第8章 制订周计划

集中到一个本子

大家是如何将自己的工作笔记进行分类的呢?

不外乎如下几种:

①周计划 课时教学计划

②周计划 课时教学计划 学校事务工作

③周计划 课时教学计划 学校事务工作 教研活动

④周计划 课时教学计划 学校事务工作 教研活动 年级会……

我们有很多机会可以学习如何撰写教案，但如何做好周计划之类的技能，我们却很少有机会可以学习到。可能大家认为做笔记是一项十分基础的技能，没有必要再进行专门的学习，但当我还是个新手教师时，其实很需要笔记方面的指导，只是没有人可以帮我。

在一个学年内临时改变周计划的格式会造成不必要的麻烦，因此我以年为单位进行改良。有时因为方法不合理会状况频出，如漏掉资料、忘记活动等。经过了十几年的摸索，我终于确定了能尽可能减少失误的笔记方式，那就是“使用活页本做笔记”。

我把所有资料都放进一个活页本里，这样就不需要单独的研修文件夹或年级会笔记了。只要有这个活页本，我就能稳步地推进所有的工作，也能最大限度地减少失误。

那么，究竟要如何规划笔记呢？在下文我将进行详细的介绍。

为什么要选择活页本

市面上有一些“教师笔记本”之类的产品，看上去可能比较方便，但在实际应用中，尤其是在处理工作细节时，活页本更具优势。

活页本的优势可以归纳为3点。

①便于携带

笔记本往往很重，但在一学年结束前，我们无论去哪里都必须带着整个本子，这其中包括记录着已经结束的活动的页面。这也就意味着，我们在期末时可能还在用记录了开学典礼安排的笔记本。此外，有时某些资料会有“修订版”，如果把它们都贴在笔记本里，本子就更重了。时刻带着这样一个又重又大的笔记本属实“事倍功半”。

如果使用活页本的话，就不必如此了。我们可以随时将不需要的页面取下来，将需要的页面添加进活页本中。

②可以同时确认多项工作内容

有的教师会同时使用几个笔记本记录不同类别的内

容，如年级事务笔记本、会议内容笔记本等。可学校的事务并不是孤立的，例如我们在商讨年级事务时有时也会参考学校的年度活动安排和教师个人分管的工作。在年级会上，分管学校事务性工作的教师可能会被问到“我想上一节公开课，现在是哪个年级在用体育场馆呢”“去年这件事是如何处理的”等问题。此时，如果只携带年级事务笔记本去参会，我们可能查不到对应的信息。

使用不同笔记本的弊端是我们无法快速地同时确认不同类别的工作。使用活页本可以解决这个问题。我们可以将不同类别的资料分门别类地整理到一个活页本中，这样就可以随时确认学年活动、学校事务等不同类别的工作。工作是一个整体，我们不能人为地将其割裂开。活页本可以帮我们将各方面的信息网罗到一起，没有什么胜得过“一本全”。

③易于保管

笔记本保存起来太占空间，而如果是活页本，我们就可以将无用的内容页取下来扔掉。对于需要留存的资料，我们也可以在完成相关工作后将其取下，放到相应的文件盒里。我们只需要在文件盒上标记好年份，就可以将各年度的资料清楚地保存下来。

我不是很推荐使用两孔的活页本。虽然在给资料打孔时比较轻松，但资料一旦变多，两孔活页本的孔的边缘就容易破损，纸张就会掉落；而如果是多孔的活页本，即使纸张增多，也不容易破损。另外，我们可以选择A4纸大小的活页本。

与纸质外壳的活页本相比，我更推荐塑料外壳的活页本。如果足够爱惜，可以连续使用好几年，比每年都购买笔记本要经济实惠。

同时，还可以买一个打孔器。一般的纸质资料我们都可以自行打孔，然后放入活页本里。打孔确实耗费时间，但是与将资料粘贴到笔记本上相比，打孔这件事也算不上烦琐。

我们在工作中可以时常携带这个方便的活页本，做到“人在学校，本不离手”。然而，由于其中包含了许多个人信息，所以要谨防遗失。

活页本优于笔记本

按类别进行资料分类

我们可以将活页本划分为几个板块：学校相关、年级相关、分管的学校事务、周计划、成绩评价等。

无论别人问起哪件事的进展，我们都应该尽量做到在10秒内找到相应的资料。为了能够处理好各种各样的事务，我们需要具备这样的检索能力。

手边有笔记本的教师可以尝试一下，看自己是否可以快速地找到以下内容：

①暑假结束的具体日期是什么？

②年级要办的下一个活动是什么？

③在最近一次的学校工作会议上决定了哪些事项？

④下周三的第二节课是什么？

⑤班级里学号为3号的学生，目前语文成绩如何？

你是否可以在10秒内找到答案呢？如果可以的话，证明你的信息整理已经做得很好了。笔记里的所有信息就应该如同你大脑的一部分，如果你在笔记里找不到这些问题的答案，那么就要重新审视一下自己整合信息、保存资料的方法是否得当了。我们需要提升这方面的能力，更高效地推进工作。

那么接下来让我们一起学习如何用活页本整理信息吧！

活页本里的具体内容

● 学校相关

首先总结一下学校相关工作的内容。

• 学校的目标

校长一般会在学年伊始提出学校的教育教学目标，我们可以将目标记录在笔记最前面。这样做是为了在进行各项活动时都能参考此标准，确保活动符合学校的教育教学理念。

• 学校的年度计划

同样地，每所学校都会制订出年度计划。将年度计划放在笔记前面可以帮助我们从整体上把握各事项的大致进程。

• 学校事务分管表

贴上学校教职员工的学校事务分管表，当我们遇到相应的工作问题想要咨询相关人员时，就可以直接参照此表。

• 教职员工座位表

当我们想要联系某位老师时，如果不知道他的工位在哪里，工作推进就会遇到困难，因此要贴上教职员工座位表。

•教室使用安排表

贴上各个班级使用理科实验室或图书室等教室的时间一览表。

● 年级相关

我们在这部分总结一下年级相关工作的内容。

•上一学年的年级新闻

年级新闻往往以月为单位，总结一段时间内该年级的重点活动，对开展之后的工作具有参考意义。

我们可以将上一学年的年级新闻打印出来。如果直接按正常比例打印，可能会因页面太多不便查看。因此，我们可以缩小比例进行打印。

•年级会资料

我们每次开年级会时都要仔细做记录，将本学年的年级会资料集中放到这里，还可以加入年级的课程计划。

• 学校事务性工作

接下来，我们总结一下自己所分管的学校事务性工作的内容。

• 事务性工作的资料

放入自己所分管的事务性工作的相关资料。

具体来说，我们可以放入学生委员会、社团活动等相关资料。有一些资料可能会被重复利用，我们要妥善保管。

● 周计划

活页本里最重要的就是“周计划”。

我们可以在电脑上制作好Excel表格，然后打印出来，贴在这部分。

周计划可以包含以下3项。

①日期

我们可以在电脑上用Excel表格来制作，具体方法是在Excel表格中填入一个日期，然后将鼠标向右拖动，后面的日期就会自动生成。

②时间安排

记录上课的时间安排。

③活动安排

我们可以在这个表格里记录放学后的安排和会议安排。

此外，我们还可以把教务老师整理的年度、月度活动的内容直接复制粘贴到表格里，再打印出来放到活页本的这个部分。

我们要将所有的事项记录都整合到周计划中，包括已经计划好的活动。这样一来，周计划中将会包含所有的工作任务。

我们通常会收到许许多多的纸质文件，并且会忍不住在不同的文件上做记录。如果我们将记录分散地写在不同文件上，最终会出现不知道参考哪个文件才好的情况。因此，最好的解决方法就是将所有的事项都集中写到周计划中。

例如，当我们接到科任教师的课程安排表后就可以立即记录到周计划中，这样一来就不用单独保存某一张安排表了。

有时我们还会接到一些临时性通知，如“各位执行委员需要在中午前集合”“请勿使用大门”“参会需要携带……”等。我们可以将这些细碎的事项都填写到周计划的表格中。

再者，我们还会在工作中遇到一些小任务，如分发信件给学生、告知学生某事、确认某同学是否提交了作业等。我们也可以将这些小任务记到周计划中，处理完相应的事项后就用红笔划掉。这样一来，已完成和未完成的事项就一目了然了。也就是说，我们要将大脑里短期记忆的工作内容都尽可能地记录到书面上，添加到周计划中，将需要处理的工作归为待办事项，整理成列，时刻提醒自己。

在与周计划相邻的一页，我们可以插入本周将举办的活动的资料。例如，1月22日有防灾训练，我们就可以将相关资料贴在那一周的周计划旁。

周计划表格参考

日期	4月19日	4月20日	4月21日	4月22日	4月23日
星期	一	二	三	四	五
早晨	全校早会	①早读 ②教职员工早会	自习	早读	①自习 ②教职员工早会
8:45~9:30	科学	测验	英语	语文	体育
9:40~10:25	数学	数学	体育	社会/手工	英语
休息					
10:40~11:25	社会	社会	语文	科学	家庭课
11:35~12:20	语文	道德	数学	科学	家庭课
休息					
13:50~14:35	综合	音乐	综合	数学	数学
14:45~15:30	体育/音乐	手工	社团活动	学习参观	语文
事项	①选拔班级委员 ②年级碰头会 ③组织体检：四年级视力检查；一年级1-2班、六年级1-3班内科检查	①16:00开始教职工会 ②组织体检：四年级视力检查；一年级3-4班、六年级4-6班内科检查	组织体检：五年级视力、听力检查	①参观学习（5学时）、交流会A计划 ②组织体检：五年级视力、听力检查	①16:00开始儿童信息交流会 ②组织体检：五年级视力、听力检查；一年级5班、四年级内科检查
作业	语文 数学 读书	语文 数学 读书	语文 数学 读书	语文 数学 读书	语文 数学 读书

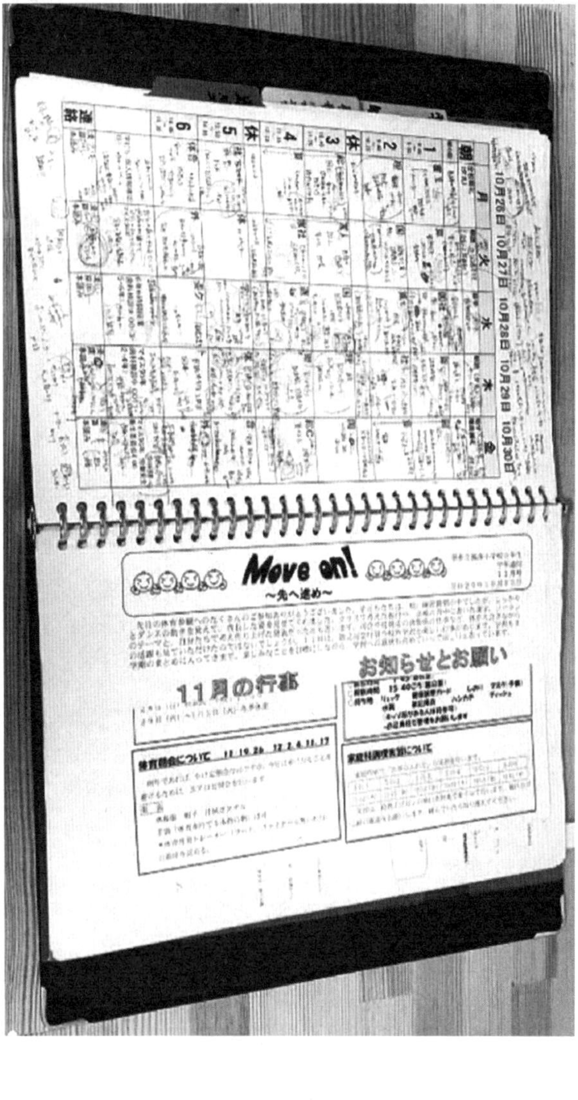
月
10月26日
火
10月27日
水
10月28日
木
10月29日
金
10月30日
Move on!
~先へ進め~
お知らせとお願い
11月の行事

● 评价表

我们可以在这个部分插入评价表。

按学科对评价表进行分类，打印后插入活页本中。

我们可以先以手写的形式将成绩填入评价表，方便时再录入电脑。

此外，为了便于用该名单确认作业提交情况以及记录学生平时情况，我们还需另外准备5~6张空白的评价表，以备不时之需。

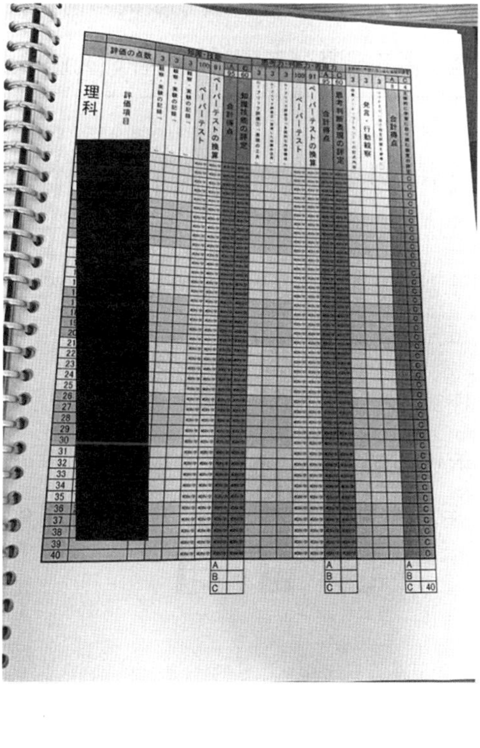

● 文件袋

最后一个非常重要的部分就是放入一个文件袋。

我们可以在周计划的后面加上一个半透明的文件袋，用打孔器将文件袋开好孔就能放到活页本中。如果活页本比文件袋小，可以适当裁剪文件袋。

这个文件袋可以用于保存临时性的文件，如等待提交的材料、帮学生保存的资料等。

如果在这里存放太多资料的话，它们最终还是会变成“被遗忘的资料”。因此，我们要时不时地检查这些资料，按需求丢弃或将其转存到长期保存的文件盒里。

按照以上的分类进行操作，我们就完成了活页本的准备工作。

在周计划中，我们可以记录各种各样的信息，甚至可以详细地记录下学生间的纠纷。我们可以将过去的周计划保存到文件盒中，至少留存一年。因为有时接管班级的班主任可能会询问学生上一年的情况，我们需要据此来进行回答。一年后，我们就可以将无用的文件用碎纸机处理掉了。

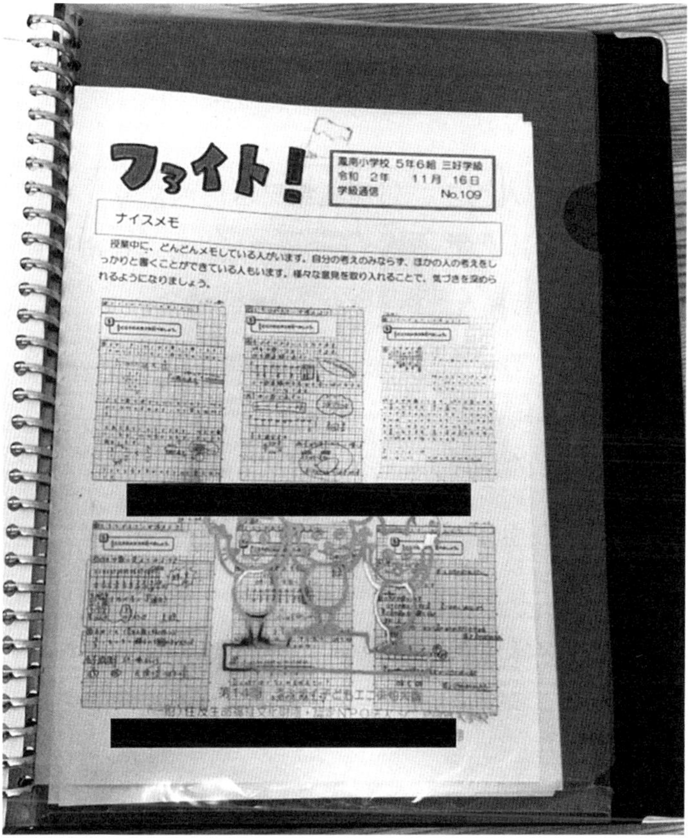
ファイト!
5年6組 三好学級
令和 2年 11月 16日
学級通信 No.109
ナイスメモ
授業中に、どんどんメモしている人がいます。自分の考えのみならず、ほかの人の考えをしっかりと書くことができている人もいます。様々な意見を取り入れることで、気づきを深められるようになりましょう。

专栏 三

将文具极简化

就我个人而言，如果选择了合适的文具，注意力会更加集中。可能是个人习惯使然，我不使用文具盒，而是喜欢随身携带一支笔。

因为红笔和铅笔是教室及办公室中常备的，所以没有必要随身携带。

那么，什么样的笔适合我们随身携带呢？

为了在周计划上做记录，笔当然是越细越好，这样可以写下更多的内容。一支红、蓝、黑3色的圆珠笔就刚刚好，颜色过多则不够小巧。

此外，因为自己总是丢三落四，所以我会选择外壳鲜艳的笔。

在工作中我一般都会随身携带活页本和笔，这样就能随时快速地做好记录，非常方便。

希望大家也可以将自己的文具极简化。让我们共同开启不使用文具盒的生活，找到那支适合自己的笔吧！

第9章 教学设计

在简明的课程框架的基础上填充内容

教师的本职工作是做好课堂教学。

无论教哪个科目，教师最理想的状态都是能够静下心来做好教学研究，总结出课程的重点、难点。

尽管每位教师都想要如此践行，但在现实中却很难实现。其原因不言而喻——缺少时间。

据说有些国家的教师每天下午都有充足的时间来做教学研究，但对于我们而言，学生正常16时放学，如果我们想要准点下班的话，就只剩下一个小时。不，我们甚至连一个小时的研究时间都没有。如果算上开会之类的工作，最后留给我们进行教学研究的时间几乎为零。

实际上，很多教师都会利用周末的时间来准备下一周的课程，我也这样做过，但结果往往事与愿违。尽管花费了大量时间备课，但在课堂上却依旧无法吸引学生的注意，这时常令我十分懊恼。

初高中的课程每三年就会有一个轮回，如果教师能花费心思备课，那么在此后新一轮的教学中就会更加驾轻就熟。

然而对小学教师来说，需要考虑备课的费效比问题。

在小学的课程中，许多教学活动是仅此一次的。有时教师会跟着自己所带的班级升入新的年级，所以连续两年进行相同课程教学的机会并不多，可能要等到几年后才能实践相同的教学内容。诚然，为了让学生能够对知识点有更深的理解，我们需要备好课，但为了一次几年内都不会重复的课程而耗费大量的时间，属实不太高效。

那么如何才能提高备课效率，让我们在最短时间内达到最优效果呢？我们可以用做饭的思路进行思考。

如果把观摩课比作法式大餐，那么平时的课则像是家常便饭。

在繁忙的日常生活中，我们不会花几个小时去做饭，而是更多地考虑如何做出省时、美味、有营养的饭菜。有时我们会吃只需微波加热的冷冻食品，因为对于日常的饭菜来说，省时、有营养才是必要条件。

这与日常的教学设计不是很相似吗？

我们可以借鉴他人设计成形的教案和学案，再对其进行搭配重组。只要最终能够给学生提供高质量的教学，就是优质的备课。

如果我们事事都亲力亲为，最终可能会筋疲力尽，课堂效果也不一定会令学生满意。与之相比，有所借鉴地进行备课更加高效。

我们可以一边创设标准化的课堂，一边更好地引导学生。

由此，相比于“如何更具深度地挖掘教材”，我们更应该考虑的是“如何熟练地完成日常的教学设计”。

从课程的要素开始思考

如果有人问："备课花费的时间越多，教学质量就越高吗？"我的回答是否定的。

我就曾有过这样的失败经历：

为了能够上好一堂主题为"未来汽车领域"的课，我实地考察了3家汽车销售门店，拿到了宣传手册，了解了最新资讯，收集了非常多的资料。我对上好这堂课充满了信心，自信满满地站上了讲台，但实际效果却并不理想。我不停地单方面地输出，而没有与学生产生互动，这样的课堂完全称不上是好的课堂。出现这个结果并非偶然，因为我没有用心设计教案，既没有准备引导学生的提问，也没有准备好补充材料。课堂只是变成了我展示的舞台，因而毫无生气。

由此可见，备课时间的长短并不能决定课堂质量的好坏。即使我们花了很长时间备课，但如果缺失了一些要素的话，课堂最终也无法呈现出好的效果。

那么对于一堂课来说，必备的要素有哪些呢？

我们可以将其归纳为5个要素：

①提问

推动课堂进程时教师对学生提出的问题。我们应该事先准备好问题，并不一定要准备一个个具体的问题，而是需要梳理好宏观的提问线索。

②板书

写在黑板上的内容，如知识要点、举例、答案等。

③展示的资料

在课堂上给学生展示的资料，包含视频、照片、图表等。

④分发的资料

学生的随堂练习或教师为课程准备的补充材料。有时我们也可以复印书中的课后习题发给学生。

⑤预备知识

教师对于相关知识的理解。如果教师在课堂上只是复述了教材内容，这并不能称之为好的课堂。教师只有在对教材内容有更具高度的理解的基础上，对知识点进行深入讲解，才能深化学生的理解。这就需要教师去深入学习教材中并未提及的相关知识。

以上5个要素在备课时必不可少，其构成了一堂课的基本框架。在此基础上，再加入自己的即兴发挥，就可以使课堂呈现出不错的效果。

在下文我将具体介绍如何准备这5个要素的内容。

一堂课的5个必备要素

①提问
听到“春天”这个词，你会想到些什么呢？
②板书
蒲公英
花
春天
赏花
关于季节的词汇
③展示的资料
④分发的资料
⑤预备知识
这是西洋蒲公英，3~5月开花。

如何快速制作单元教案

我们需要快速地准备好上文提到的5个要素的内容，再在课堂上对其进行组合。就好像是做新闻节目一样，新闻节目就是将影像画面、解说、主持稿等要素组合到一起制作而成的。同理，我们也可以分别准备好5个要素的内容，再将其组合成一堂课。

①将提问直接写到教材上

将课堂上要提的问题直接写到教材上更为便捷。除此之外，我们还可以在教材中记录下自己的想法或是将练习材料之类的内容粘贴到教材中。

如果在笔记本上记录教学研究的想法，我们通常只能按照教材内容的顺序进行。而如果直接将自己的想法写到教材上，我们就能不受限制，同时推进整个单元的教学研究。

让我们在假期里集齐本学科的学生用书，制作属于自己的独一无二的教材吧！

②参考多种资料设计板书

在设计板书时，我们要先参考教材，再参考教学指导用书。将相关信息做取舍，汇总整理，以便更好地体现自己的教学设计思路，使其更符合课堂需求。

③准备好展示的资料

展示的资料包括视频、照片、图表等。

有时我们仅仅是将教材或资料册中的内容放大打印，就可以获得不错的补充材料来进行应用。如果有电子版教材，那么我们打印起来会更加方便。

此外，我们还可以找一些视频资料，如电视节目或网络上的视频片段。视频资料通常可以对细节做生动的补充说明，让学生能够更加直观地理解教学内容。

资料与练习最好配套出现，这样课程内容能更加清晰地得以呈现。

④分发的资料可以使用现成的模板

我们可以以单元为单位准备要分发的资料给学生。

我们要充分利用现成的模板，还可以将模板留存下来，这样之后教这一学年的教师在备课时也会轻松很多。

学科不同，资料也有差异。语文课可以分发一些文章；数学课是一些习题；理科课是用于填写实验结果的表格；社会课则是图表……

⑤预备知识

最好是能够阅读相关书籍，将相关知识点抄写到教材上。

如果没有时间通过阅读来获取信息，我们还可以听有声书或是借鉴课外辅导班的视频课程来补充学习。

结合这5个要素，按照固定的流程进行备课，你会更加轻松。

在这5个要素中，分发的资料是核心。分发给学生的资料上通常会写有问题，并注明展示的资料，板书往往也脱胎于此。因此，从分发的资料开始准备，有助于我们更加高效地完成备课。

“整单元”与“次日课程”的备课

我们可以将备课大体分为两类：整单元的备课与次日课程的备课。

当一个单元的课程临近结束，我们就可以着手准备下一个单元的课程了。不是针对某一节课做准备，而是对整个单元进行研究，按照前文所述的5个要素来备课。

可以利用未排课的时间段集中备课。如前文所述，我们需要着重准备的是分发的资料，其他内容在上课前一天准备也来得及。可以以单元为单位准备资料，一次性印太多反而占用空间。

接下来，按照前一天准备次日课程的节奏来备课即可。如果还有准备不够充分的地方，那就尽量在学生在校期间把剩余的准备工作做完。

像这样，将备课内容拆分为整单元的备课与次日课程的备课，就可以有效减少加班备课的情况出现。

两种备课

深入研究与兼收并蓄

作为教师我们至少应该精通一门学科，将知识融会贯通。同时，我们也可以借鉴其他学科教师的教学方法，做到兼收并蓄。

各学科在教学方法、评价方式、对知识与技能的理解等最基本的方面实际上是相通的。我们可以将自己的研究主题与校内研修或研究会中的主题相结合，这样一来，就能同时兼顾研究与自我成长。

此外，我们还可以吸收身边不同学科教师的经验。当我们与体育老师搭档时，可以了解一些体育的教学方法；当我们与语文老师搭档时，可以请教一些语文的教学方法。同时，这样也容易拉近我们与其他教师间的距离。越是深入了解，也许你就越能发现各个学科底层逻辑间的相通之处。如果能在深入研究自己学科的同时，做到“博采众家之长”，那么我们在教学上就会“更上一层楼”。

多准备一份相同的练习题

针对一些易错、难度较大的练习题，学生第一次完成的效果往往不是很理想。此时，如果继续给学生发新的练习题，他们很可能还是会犯同样的错误。为了帮助学生夯实基础、巩固提高，我们可以让学生做两次相同的练习题。

针对此类重点练习题，我们在打印时就可以多印一份，到时直接分发给学生，提高效率。

批改作业中途不要放下笔

我在批改学生的作业时，绝不会中途放下笔。

有时我们想在一些特殊的作业本上做标记，需要放下笔、拿便签、撕便签、贴便签、拿起笔。

中途放下笔会浪费大量的时间。因此，如果遇到需要做标记的作业本，我会先将它抽出来放到一边，接着批改下一本。当批改完所有作业后，再取出便签统一做标记。

像这样，将批改和贴便签两项工作分离开，就能省去换手的麻烦。在细节处花些心思，可以帮我们节省时间、提高效率。

完成所有批改后再贴便签更高效

专栏 三

图书室是教学研究的宝库

图书室里通常有许多高质量的儿童读物，书中的知识梳理得清晰易懂，内容的呈现形式也更贴近儿童的视角。图书室可谓是帮助我们做好教学研究的宝库。

此外，利用图书室的教师通常不是很多，这里的环境也就更加安静。当我们有充足的时间进行教学研究时，就可以去图书室，这里既有资料又有宽敞的空间，方便我们一边查阅一边做研究。但要注意的是，如果你长时间待在图书室，其他人可能找不到你，因此去之前一定要跟同事打好招呼。

第10章

考试与评价

何谓“考试与评价”

学校会定期举行考试，教师要根据考试结果、作业情况、平时表现等要素对学生作出综合评价。指导要领中虽然给出了大致的评价方向，但没有阐述具体的评价方法。

评价依据、评价标准的制定需要教师个人进行考量。因此，教师时常会对自己作出的评价抱有疑虑。此外，备课已经耗费了大量的精力，所以我们往往会对“评价”这项工作一拖再拖，一不小心就遗漏了对某个学习项目的评价。我时常听到教师表示为难：“我还有许多试卷没有批改。”

我们要知道，评价并不一定要到期末才能进行。如果我们平时就能对学生作出恰当的评价，期末也不至于因为评价而过于忙乱。

事先确定好评价的依据与标准，并且有计划地展开，我们就能够高效且准确地处理好评价学生的工作。

接下来让我们一起来思考评价的方法吧！

事先打好装订孔

为了使学生更好地保管每个单元的试卷，我们可以建议学生使用活页夹整理试卷。这就需要我们事先在试卷上打孔，但每次准备试卷时都单独打孔比较费时。因此，最初收到统一分配下来的试卷时，我们就可以将打孔器带到教室，一次性做完打孔的工作，这样也省去了将试卷搬运到办公室的麻烦。

将试卷先分发给已经准备好的学生

我们来讨论一下如何高效地组织考试。

在考前，我们往往需要学生做一些准备，如：为了防止作弊在桌边立起文件夹或笔记本做遮挡。如果等待所有学生都准备好后再统一分发试卷，会浪费时间，而且先准备好的学生要等待更长的时间，这并不合理。因此，我们可以从先做好准备的小组开始分发试卷，拿到试卷的学生可以马上开始作答。我们不需要进行话语指示，只需要依据学生的准备情况分发试卷，直接跳过没有准备好的小组即可。这样一来，学生之间也会自发地互相提醒。

总之，我们不需要等待所有学生都准备好才开始发卷。

尽快将考试结果反馈给学生

通常你要花多久才能将单元考试的结果反馈给学生呢？我们最好不要积压试卷。如果积压了未批改的试卷，到了期末工作将会很难推进。如果我们总想着“有空的时候再批吧”，就会一直拖延，导致工作积压，以至于做收尾工作时会留下痛苦的回忆。

此外，从学生的角度来讲，如果自己拿到了一个月前的试卷，也会很难回想起当时的作答思路。学生不能及时找出问题、填补漏洞，考试也就失去了意义。

因此，我们要遵循“尽快将考试结果反馈给学生”的原则。最好可以当堂反馈，如果做不到的话，尽量在当天反馈，最迟也要在第二天反馈。

如此一来，试卷积压的问题就会减少，我们也不必担心有遗漏的未作反馈的试卷。

在收卷时，我们可以让学生自行将试卷提交到讲台，按顺序依次叠放。当收集了三分之一左右学生的试卷时，可以先进行批改。批改完这部分后，可能又有一部分试卷提交上来，我们就可以紧接着批改另一部分。这样滚动进行，我们可能在考试结束前就已经完成了部分试卷的批改。

阅卷时不要逐一对照答案

控制好视线可以提升阅卷效率。

如果我们批阅每份试卷时都从头至尾一一对照答案，“答案是A、B、C、D……接下来选右，接下来选左，接下来是……”，我们就需要不断地移动视线。每次移动后都需要重新聚焦视线，这就会浪费几秒钟的时间，积累起来就是巨大的时间损失。为了能快速批改试卷，我们最好先记住参考答案，再统一批改。当然，我们并不需要一次性背下所有答案。

一般来说，人的短时记忆容量为7 ± 2个组块。也就是说我们一次最多可以记住9个组块左右的信息。我们可以以此为单位记忆答案，再批改这部分题目。

例如，参考答案是“A、B、C、D、右、左”，我们可以先记下这些答案，一边默念答案，一边判断正误。用一只手来勾画对错，另一只手做好翻试卷的准备，关键是做到不让笔停下来，一口气把全部试卷中的这几道题都批改完。只要试一试，你就可以切实感受到这种方法能帮我们节省不停对照参考答案的时间，从而大幅提升阅卷速度。

一口气批改完能记住答案的部分

快速阅卷的准备工作

按照前文所述，如果我们记下部分答案之后再批改，就需要多次翻阅所有试卷。如果我们不能提高翻试卷的速度，就会影响整体的阅卷速度。那么，如何才能快速地翻试卷呢？这就需要我们事先做好一些准备工作，可以参考以下做法。

①将试卷错开

一边用手指固定住试卷的上半部分，一边将试卷向内卷。这样一来，试卷下方就会一层层地错开，有助于翻页。

②用夹子固定试卷

将试卷的左上方用夹子固定住，如果你惯用左手，就将右上方固定住。这样我们就不必将批改完的试卷逐一放到旁边，而是可以直接翻过去，接着批改下一张试卷。为了防止试卷散落，夹子需要足够结实。

③将错开部分放在桌子边缘外

我们要将试卷下端错开的部分放在桌子边缘外，这样更便于用非惯用手逐一翻开试卷。

按照以上的方法操作：阅卷时我们先记住部分答案，一边翻卷子一边不间断地进行批改，最后统一在试卷上标出分数，将成绩记录到名册里。以这样的流程进行，就可以更加高效地完成阅卷的相关工作了。

此外，我们还可以让学生将自己的试卷整理好集中放到活页夹中，定期拿给家长看，让家长了解学生的考试情况。

提高翻试卷速度的做法

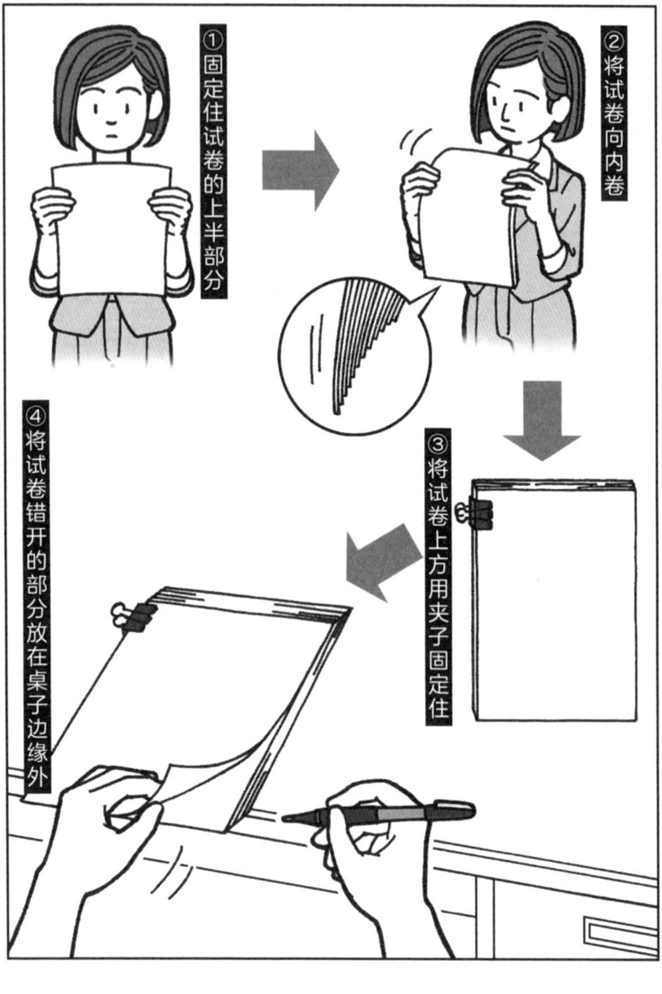

基于3个要素进行评价

下面我们来讨论一下如何对学生作出评价。你通常会从哪几个方面来进行成绩评定呢?

例如，我们要如何评价学生的学习态度呢?“该学生的课堂笔记很认真，所以可以将他的学习态度评定为A”，你是否也作出过类似的评价呢?仅从一点作出评价并不合理，因为有的学生虽然并不做课堂笔记，但在课堂上却很活跃，他们的学习态度同样值得肯定。此外，有的学生能对学习内容进行反思、举一反三，这也同样值得肯定。

可如果我们将以上这些要素都纳入成绩评定的标准中，就会使考量的要素变多。我们可能会“为了评价而评价”，使课堂失去原有的价值，这种做法也并不值得推崇。

因此，从现实的角度出发，我们可以从以下3点对学生的学习态度进行评价。

①课堂笔记或课堂测验情况；

②举手发言或其他课堂行为表现；

③课堂展示情况，如小报、小论文、演讲、讨论等。

基于以上3个要素进行评价，便于我们实际操作。

例如，如果某同学这3项评价结果分别是A、A、B，我们可以将他的学习态度最终评定为A；如果结果是B、B、C，可以最终评定为B。如果我们仅依据两个要素进行评价的话，就会不够全面或是难以确定最终的等级，所以事先确定3个评价要素，通过分别评价来确定最终结果的做法更明确、更高效。

事先做好评价表

相信大家已经了解了基于3个要素进行评价的重要性，接下来我们要讨论如何解决评价项目过多的问题。

如果我们将评价工作放到期末进行，可能会因为工作量过大而产生遗漏。此外，由于评价体系的改变，现在期末评分往往是由笔试分数与实操分数两部分构成的，这就使成绩计算变得更为复杂。有的教师习惯笔算而有的教师习惯使用计算器。我能够理解坚持笔算的教师，因为学生的成绩用笔算也可以完成，但从计算的速度、准确性等方面来考虑，用电脑的Excel表格显然更具优势。

我们需要提前制定好评价的项目与标准，制作出评价表。我们可以将纸质版的评价表放入周计划的文件夹中，在平时课堂上就做好打分记录，这样可以一目了然并且时刻把握评价的进程，在期末就有了成绩评定的依据。我们还可以在评价表中单独设立一列来记录学生的日常行为、表现及教师自己的想法，在家长会时一边参考记录一边与家长沟通。

此外，我们可以直接应用电子版的评价表，将电子版的Excel表格放入教室与办公室电脑的共享文件夹中，这样在教室电脑上录入的成绩就可以随时同步到办公室的电脑上。考试时，我们也可以随时将批改完成的试卷的成绩录入到表格中，不用把试卷拿回办公室后再录入成绩，这样就能在教室里完成尽可能多的工作。

写评语所需的3项材料

评语是对学生整体状态的记录。

我们可以针对每名学生的优点、未来的可能性、进步情况等作出积极的评价。成绩单上的等级评定并不能全面反映出学生的情况，因此评语能够帮助我们用文字形式将学生情况更全面地转达给家长。

因此，评语是极具价值的，但很多教师都会对写评语感到头疼。写好评语，我们需要收集3项材料。

①学生问卷

我们可以让学生填写一个简单的调查问卷，问卷主题可以是“学期努力排行榜”，让学生填写自己在哪些事上做了怎样的努力。涉及项目可以包含课代表工作、卫生值日、班委活动、社团活动等，让学生填写自己在所属小组参与了哪些活动。以此为基础，我们可以总结出学生的努力情况。

②获奖记录

我们可以在评语中写出学生取得的成就，如在绘画比赛中获奖、作品被展出等。此外，还可以记录学生作为班委组织班级大型活动的情况。

③在校日常行为记录

我们可以记录学生在校的突出表现，如学习态度上积极的转变、日常行为中的闪光点等。

准备好上述3项材料后，我们就可以顺利地写出给每名学生的评语了。

写评语的固定模板

期末时，我们可能会因为缺乏写评语的素材而焦虑。

首先我们要改变“在期末写评语”这一固有思维。不仅是评语，还有综合性学习评价、道德评价等内容，我们都不应该堆积到期末再填写，最好是在学期进程中就完成评价工作。我在学期中段就会完成教师评语的雏形，此后再将新发现的闪光点陆续添加到给学生的评语中。

评语可以由以下3个部分的内容构成。

①学生的活动表现

在评语的第1部分，我们可以就学生参与或组织活动、分餐或卫生值日等的表现进行评价。在新学期第一个月结束时，我们就可以针对这一部分大致拟好框架。因为一个学期内的活动安排通常不会有太大的变动，后续在此基础上进行补充即可。此外，我们还可以将通过调查问卷了解到的活动详情记录下来，这样评价就会更加全面。

②学生的学习情况

评语的第2部分主要围绕学习展开。我们可以列举出具体科目或学习阶段，评价学生在课堂活动中的表现及学习成果。我们也可以通过问卷来了解学生的学习情况，最好在学期中段和后段分别做一次调查，以此为基础进行评价。

③学生的特别之处

在评语的第3部分，我们可以着重记录学生的加分项，记录下学生的优秀行为。这部分是基于教师对学生日常行为的观察，我们逐渐积累素材即可。

具体的记录及评语内容，可以参考如下案例。

记录

· **第1学期**

组织的活动+课堂表现+加分项

· **第2学期**

参与的活动+课堂表现+加分项

· **第3学期**

卫生值日+课堂表现+加分项

评语

· **第1学期**

该同学作为……委员，与同学合作组织了……活动；在手工课上，完成了注重色彩搭配、极富创造性的作品，并获得了市级……奖；当有同学身体不舒服时，会主动提出代替其工作，十分乐于助人。

· **第2学期**

该同学参与了……活动；在语文课上，对……有自己的理解，对待学习充满热情；能够主动帮助同学分发材料，积极地为班级作贡献。

· **第3学期**

该同学在扫除时，能够细心地擦拭灰尘，不放过每一个卫生死角；在体育课上，能友善地传球给队友，积极助攻，为团队的胜利作贡献。期待你今后继续发挥优秀的领导能力，有更优异的表现！

以上评语对整个学年做了全面概括，内容丰富、细节满满。应用固定的模板，我们可以更加全面地对学生作出评价与反馈。此外，由于我们已经事先明确了评价的项目，所以在日常对学生进行观察时可以做到有的放矢，不用费太多精力。

每学期的评价最好可以写3句，这样阅读起来让人感觉不多不少，开家长会时我们也能根据评语对学生的情况进行更具体的说明。

综合性学习评价更倾向于阐述学生的探究性学习成果，可以结合以下几点来填写。

①探究内容； ②探究方法； ③得出的观点； ④进一步深入探究的问题。

道德评价主要包括以下两点，其中要写明学生的收获。

①学习了什么道德要求； ②有怎样的收获。

用表格整理评语

与记录成绩一样，我们同样可以使用Excel表格记录评语。如果我们遵循第2章中提到的细化分解困难的法则，就可以将评价进一步细分为一个个小项目，然后一步步地完成填写。我们可以制作一个表格，将评价拆分成不同的项目，在平时有针对性地做记录，最后将这些信息组合起来，就可以得到整段的评语了。具体可以将评价表格划分为：活动名、行为、科目、课程名、成果、其他等。

第11章 班报

班报的效果

相信很多教师都会做班报，其形式多种多样，不同教师做出的班报也各不相同。通过读一个班级的班报能直观了解该教师班级管理的重点，感受到班级的整体风貌。

我们也会时常听到一些反对制作班报的声音：“制作班报只是徒增负担”“它只是为了让老师自我满足”，但我认为制作班报也有一定的好处。

班报的作用可以归纳为以下5点。

①向家长转达孩子的在校表现；

②回顾学生的学习过程；

③在班级内共享个人的感想体会；

④向他人展示学生的优点，提升学生积极性；

⑤是班级管理的记录。

以前我会根据年级的情况选择是否出班报，因为有时同年级其他教师会对出班报提出异议，希望大家统一不出班报。我对此虽然理解，但也会感到遗憾。

如果没有了班报，班级活动记录可能就会只有几张照片，缺少了展示学生闪光点的园地，也失去了与家长交换信息、拉近距离的机会。如果有班报，家长就可以像阅读博客一样，倾听教师的心声，家长会上也不会对教师有强烈的陌生感，因为平日已经通过班报了解了教师的教育观念，与教师面对面时也能有更深入的交流。

伴随着痛苦的班报

尽管班报有许多优点，但我却不擅长制作班报。说来惭愧，最初我做一份班报要花费2~3个小时，而且还出现过中途放弃的情况。我往往在学年初始时干劲十足，到了中后期就会渐渐放弃。一旦停止一段时间，就会更加难以重启。制作班报常常令我感到痛苦。最开始做班主任时，我决定每周一完成班报，于是临近周一就会因为缺乏素材而倍感压力。在纠结究竟要写些什么的过程中，我就错过了班级新闻的时效。我曾经历过一段与班报斗争的痛苦岁月。

我现在养成了每天积累班报素材的习惯。一旦决定这一年要出班报，我一般可以做200期左右，基本在每个工作日都会出新的班报，这一数量在出班报的教师中也算多的。

实际上我一年内最多制作过400期班报，相当于每天要出两期，但这样做的意义不大，因为很多内容可以合并。因此，我们可以将一年内班报数量的上限设定为出勤的天数，也就是每天出一期，共200期左右。

现在我完成一页班报大约只需10分钟。一旦决定制作班报，我就会立即动笔。之所以能快速完成是因为我事先已经积累了素材，打好了腹稿，只需将照片与文字进行组合，所以制作起来基本没有负担。只要掌握了诀窍，制作班报完全不会成为负担，甚至不出反而会令教师不安，因为我们一天与学生共处6个小时，一定会有想要表达的内容。

班报制作的注意事项

接下来我们来讨论一下如何具体制作班报。

班报一般来说有3种尺寸：A4、B4、B5。尺寸越大，需要填充的内容就越多，制作起来就会越有压力。如果我们使用A4或B5的纸，做一栏内容即可；B4的纸面会大一些，可以划分出左右两栏。如果我们出班报的频率较高，可以选择内容承载量少的B5尺寸的纸，方便我们短期内更新；如果我们想放入更多信息，可以使用B4尺寸的纸。一般第一期班报不必设定具体主题，我们可以列举出班级目标、想向学生传递的重要信息等。此后的班报，我们可以每一期写2~3个主题，将每个标题加框，重点强调。将标题字号设为14号，正文字号设为10.5号，这样更易于阅读。像这样先定下基本格式，以后每期都按照固定格式做即可。

关于行文风格，不少教师会纠结读者定位究竟应为学生还是家长，以及要以怎样的口吻叙述。我认为定位为面向学生的叙述会更好，因为教师的工作就是培养学生，而非取悦家长。

此外，确立了面向学生的风格，可以使班报涵盖的内容更广泛，也可以将信息直接传递给学生。例如，我们可以在班报中加入“希望大家对……重视起来”之类的指导学生行为规范的内容。这样一来家长也能感受到教师通过班报与学生的互动。

班报示例①

三年级2班
2018年　4月9日
班报　　NO.1

关于班报

不同于每月发行一次的年级新闻，班级会不定期发行班报。我想将班报的标题设定为与班级目标相关的内容，但目前还未确定。

我想通过班报让家长们了解每位学生的付出和他们在班级里的表现，因此我会尽可能多地出班报。

这一年，请大家多多关照

初次见面，大家好！

我是大家本学年的班主任三好真史。当我知道要做三年级2班的班主任时，就非常期待和大家见面了。

这一年有什么样的惊喜在等待着我们呢？就让我们一起去创造回忆、一起成长吧。请大家多多关照！

老师是个怎样的人呢

可能大家有很多关于老师的疑问，那我简单做个自我介绍吧。如果你还想对老师有更多的了解，那就与我多多交流吧！

名字：三好真史
教龄：10年
年龄：31岁
兴趣：逛街
特长：有三个，大家猜一猜：
　　棒（　）网（　）吉（　）
喜欢的食物：炸鸡块
喜欢的学科：体育

班报示例②

好朋友

三年级2班
三好老师的班级
2018年　5月7日
班报　　NO.18

鼓足勇气举手吧

长假结束了，可能大家还对假期恋恋不舍，让我们一起慢慢转换节奏吧。

前几天，我们针对课堂展示进行了思考。在大家面前做展示的确需要勇气，可能有的同学知道答案却不想举手，因为害怕答错会被嘲笑。

我要给大家讲一个关于马戏团里的大象的故事。

马戏团里有一只大象，它被绳子牵着，绑在木桩上。大象的力气很大，它只要稍一用力就可以拔走木桩。尽管如此，它并没有逃跑。这到底是为什么呢？

实际上，当它还小的时候就被绑在了木桩上，那时它想要挣脱却因为力气不够没能逃掉。因此，长大之后它也依旧认为自己做不到，于是放弃了抵抗。

害怕举手的同学与这只大象有些相似。你们可能在一、二年级时有过上课答错的经历。但是大家现在已经长大了，也成长了，我们要意识到自己和以前不一样了。

相信自己一定会表现得更好！试着迈出新的一步吧！

课堂展示有巧思

在数学课堂展示时，越来越多的同学会向台下的同学提问，如“首先进行个位数的计算，3加2，答案是多少呢”，如此与同学互动。

A同学在课堂展示时曾提问：“有一个值得注意的点，同学们知道是什么吗？”

B同学也与台下互动：“同学们觉得接下来应该做什么呢？”

就像这样，一边提问一边进行说明。大家为了把内容讲解得通俗易懂，真是花了不少功夫啊。

班报示例③

加 油

五年级6班
三好老师的班级
2020年　7月28日
班报　　NO.40

当感到焦虑或烦恼时

在健康课上，我们一起就“感到焦虑或烦恼时该怎么办”进行了思考。谁都会有焦虑或烦恼的时候，在青春期我们的身心都经历着许多改变，烦恼多很正常。尤其今年有新冠疫情，大家更容易焦虑不安。

在课上，同学们提出了一些应对焦虑或烦恼的方法，相信同学们也都了解了这些方法。

- 到户外活动；
- 抱抱猫咪；
- 看电视节目、电影或动漫，转移注意力；
- 和朋友一起聊天，不要想烦恼的事；
- 向别人倾诉烦恼；
- 打扫卫生。

老师在感到焦虑不安时，就会到公园跑跑步，运动一下。

缓解焦虑情绪的方法有很多，有时只是和别人说说话，心情也能轻松很多。如果同学们愿意把老师当作倾诉对象，我随时恭候大家。试试不同的方法，找到适合自己的缓解不安的方法吧！

家校交流于明天开始

家校交流将于明天开始，感谢家长们在百忙之中抽时间参加。

我计划与家长们讨论以下问题。

①学生在学校的努力情况（学习及日常表现）；

②学生的成绩（评价方法、第1学期的成绩）；

③学生是否有感到困惑的事（关于学校生活或家中的困惑）。

尽管10分钟的时间不长，但我依旧希望能够为孩子们的成长助力。感谢各位家长的支持。

班报示例④

加油

五年级6班
三好老师的班级
2020年　10月23日
班报　　NO.94

同学们的绘画水平不断提高

同学们的绘画作品完成得越来越好了，有的作品十分生动形象。涂色时尽量使用细笔，进行点涂。今天给大家安排了两小时的手工时间，让我们集中精力做到最后吧！

第一次进理科实验室

小学五年级的同学们终于第一次去了理科实验室。

我们在教室认真学习了使用实验室的注意事项。到了实验室，同学们用土围出了“河岸”，观察了水流的作用。

今后我们会在实验室里做各种各样的实验，有的会有一定的危险性，请大家务必遵守操作规则。

开始的速度不要过快

我们要如何把握出班报的频率呢？首先，一定不要让出班报成为日常工作的负担。

最危险的是在年初用力过猛。新年伊始，大家往往拥有很高的工作积极性，会充满热情地在学年初立下目标：今年一定要好好出班报！这样虽然好，但更为重要的是找到合适的频率并一直坚持下去。

如果我们年初每天出1期班报，而后逐渐变为每周出1期，接着又变为每月出1期，这样学生和家长就会猜测教师是否失去了更新的动力或是班级是否出现了问题。

如果我们在年初就设定为每月出1期，大家也会理解；如果我们在年初更新速度很快，之后出现拖拉的现象，反而会给学生和家长留下负面印象，得不偿失。出班报就好比是长跑，如果开始时用力过猛，跑到一半就会精疲力竭，所以我们要结合自身的情况决定出班报的频率。

我们要意识到，出班报并不是教师的主要工作，教师的本分是上好课、处理好学生事务。如果出班报影响了主要工作，就本末倒置了。因此，我们可以从每周出1期班报做起。

尽量多出班报

如前文所述，我们可以依据自身情况决定出班报的频率，但最好多出。我每一天都会出班报，并且班报质量高、内容多，受到了很多好评。就我而言，出班报的频率越高，可以记录的小事就越多，写起来也越轻松。可如果在每月1期的班报中用大量篇幅记录学生的字很漂亮之类的细枝末节，就不合适了，因为家长可能希望看到更多关于学校活动的记录。出班报的频率低，我们就需要花更多的时间去斟酌内容的重要性与时效性。相反，如果每天出班报，我们可以涉及更多小事，如教室里飞进了蝴蝶、同学们一起抬头看云度过悠闲时光等。出班报的频率高，我们就可以将内容写得详尽丰富，也就拥有更多自由发挥的空间，学生和家长也能够感受到教师的工作热情。

考虑到工作量，我们可以先将出班报的频率定为每周1期，然后逐渐提高。请你了解自己的能力界限，在能力范围内尽量多出一些班报。

设定班报制作的时长

我们每天要工作8小时，如果花费一个小时去做班报将会给我们造成极大的负担。即使只花费30分钟，似乎也有些兴师动众。我给自己规定的制作时限是15分钟，包含了从思考、总结到制作、完成的全部过程。当然，如果我们已经事先准备好了一些文本和照片就再好不过了，将其组合编排即可。总之，我们最好将整个班报制作的过程控制在20分钟之内。

从收集到整合素材

无法快速做出班报的教师可能都会经历这样一个思考过程：

“这周的班报主要写一下朗读会吧，这次活动办得很好……糟糕，忘记拍照了，学生的笔记本也发还回去了，没有素材可以用了。”

大家是否遇到过这种情况呢？这是我曾经的真实写照。

那么，究竟如何提高制作班报的效率呢？我们首先要做的是转变观念，放弃“制作”一张班报的想法，而是思考如何“排列组合”出一张班报。

我们可以将班报细分成以下要素：

①文章；

②照片；

③扫描资料。

仅此3项。也就是说，我们只需要收集好这些材料并将它们排列组合就可以快速地完成班报制作。就上文的例子来说，我们可以注意在活动中留存照片，及时写下活动反思笔记。制作班报时，我们只需要将这些材料组合到一起，在此基础上写几句自己的感受就可以了。15分钟是整合材料的时间，也就是说我们最好在平时就做好素材积累的工作。

我们可以尽量在教室完成班报的文字部分。如果教室和办公室的电脑能够数据共享，我们就可以随时记录下学生表现、课堂情况等。此外，要尽可能地多拍照，把学生的闪光瞬间都记录下来。我每天会拍15张左右的照片，不非得拍全体合照，拍下个别学生的特写可能更有意义。至于扫描资料，往往需要花费一些时间。我们可以先将希望在班报上展示的笔记、习字等资料留存下来，集中扫描，因为每次只扫描一两张纸会很浪费时间。可以使用扫描仪，也可以使用具有扫描功能的手机应用软件。

做好以上准备后，我们就不会再为缺乏材料而烦恼了。

班报的素材

有的教师会因为班报的内容而烦恼。实际上，班报的素材多种多样，我们可以灵活选用以下素材。

①学生的闪光点

发现学生的优点，在班报上进行介绍。可以用“努力完成……”“协助老师做……”的句式，描述学生的闪光点。

②对学生的提醒

提醒学生注意一些需要留意的问题，可以写“最近很多同学丢三落四，大家需要注意了”等话语。行文的语气要像在与学生对话。

③学生的感想

举办了班级活动后，我们可以收集学生的感想。有了这些感想作为基础材料，制作班报就会简单得多。只需要将活动照片搭配上"在……的班级活动中，同学们产生了……的感想"之类的文字，就是一篇完整的活动记叙了。

④学生的绘画

我们可以将学生的画放到班报上。正常尺寸的画可以直接扫描，大幅的画可以拍照。

⑤学生的手工作品

我们可以在班报上介绍学生的手工作品。将手工作品拍照，展示在班级上。

⑥学生的诗作

我们可以先确定好主题，让全班同学围绕同一个主题进行创作。因为诗比较短小，可以同时刊登5~6篇。如果我们在排版和字体上做一些设计，就更能体现出诗句的美感。

⑦学生的作文

不必刊登全文。我们可以收集一些学生的百字作文或是节选出精彩段落进行展示。

⑧活动体验记录

当学生沉浸在活动中时，我们可以实时记录学生的状态，记录下他们互相讨论、推进活动的模样，像记录员一样做好活动记录。这种记录往往篇幅较长，可能要占用整期班报。

⑨采访

我们可以对参与授课的客座教师或是新班委进行采访，以问答的形式刊登在班报上。

⑩课堂记录

客观记录课堂情况。如果我们能描绘出学生讨论、协商时的具体表现，会使文章更加生动。

⑪万能素材

我们可以在平时积累一些万能素材以便在缺乏素材时使用。电视节目有时也是如此，当没有重大新闻事件发生时，节目里可能就会介绍美味的餐厅。这类素材没有很强的时效性，任何时候都可以使用。我们可以在平日细心观察，积累万能素材，做好文章储备。

⑫小知识

我们可以介绍如“历史上的今天”之类的小知识，也可以提供一些实用的小贴士，如“怎样记住字的写法”“如何才能不丢三落四”等。

⑬问卷结果报告

让学生做一些有趣的调查问卷，如喜欢的学科排名、喜欢的食物排名等，将问卷结果与评论刊登在班报上。

⑭易错点提示

对课堂上的易错点进行讲解和总结，如易写错的字、易出错的题等。

⑮写给家长的话

尽管班报大多是写给学生的，但我们偶尔也可以给家长写一些话。注意要写积极的内容，如“孩子们带……回家了，请家长们看一看，这是孩子们在校努力的成果”。

掌握“盲打”

提高将想法转化为文字输出的能力，有助于我们快速完成文章。许多教师并不擅长写作，但却有很强的口头表达能力。为什么会对写作感到头疼呢？可能是因为他们在写作过程中想得太多。

他们也许会一边写一边想：“昨天参加了开心的郊游”，不，这样写不好，“郊游很有趣”……这样写会不会好一些……如此耗费了大量时间。思虑过多会导致我们越写越慢，直至厌恶写作。

解决这个问题的关键是提高录入速度。我们不妨将日常的口语表达直接原封不动地记录下来，这样反而更具可读性。

为了提高记录口头表达的速度，我们最好掌握“盲打”。网上有许多练习盲打的方法，我们可以利用这些方法入门，努力达到能够跟上缓慢说话的速度的水平。这样，我们就可以更为高效地记录下自己的想法，从而在写作时不被过多的思虑扰乱。

用口袋文件夹汇总管理

我们可以将纸质版班报汇总到口袋文件夹中进行管理。口袋文件夹存放十分方便，也便于我们翻阅往期的班报，把握整体内容，如最近记录了哪些事、哪位同学经常上报等。

此外，这样收集有助于自我激励，保持制作班报的积极性。看着文件夹越来越厚，我们也会越来越有成就感。开家长会时，可以展示班报文件夹，供家长们自由翻阅。

结 语

教师这份工作很有价值，每天都能感受到学生的成长。我们会收获学生与家长的感谢，甚至在学生毕业后还会与他们保持联系。

现实中，为了不辜负这份使命，教师往往承担着过多的工作，这其实也是一种“道德绑架”。出现这种情况的原因在于教师职业的特殊性。

如果你在公司就职，上司发表了这样的言论：“其他人都为了公司拼命工作、努力加班，而你又做得如何呢？你的个人生活就那么重要吗？”你会作何感想呢？你可能会回击道：“是的，我自己的生活当然很重要。”

可如果同样的对话发生在学校，情况就有所不同了。如果有人对你说：“其他老师都为了学生拼命工作、努力加班，而你又做得如何呢？你的个人生活就那么重要吗？”我们应该很难理所当然地作出反驳吧。

相信大多数教师都由衷地希望学生可以茁壮成长，甚至有的教师认为如果自己考虑经济利益，就是失职；也有的教师认为如果将教师视为一份工作，讨论工作效率，就是对学生的轻视。正因如此，才会导致许多教师的工作方式一直未得到改善，直至今日依旧采用非常低效的方式开展工作。

如今已经有许多人认识到在教师的工作中存在一定的不合理性。因为大众一再强调价值感，一味要求教师单方面付出，使得人们从事教师这一职业的意愿减弱，从而导致师资不足的现象出现。因此，我迫切地希望改善目前教师的工作状态。说得严重一些，如果不做出改变，可能会导致教育危机。

如果教师每天都愁容满面地工作，学生可能就会有“这份工作太辛苦了，我可不想当老师”的想法。如此一来，教育类专业的学生也会减少，造成学校人手不足，从而导致更严重的问题，而现今这种现象似乎已经初见端倪。

如果身处教育一线的教师受到冲击，学生也会受到影响，最终这种影响可能波及全社会。

教师需要轻松的工作环境。法国等国家的学校会有专门的工作人员为学生分餐，从而保证教师的休息时间；此外，对这些国家的教师来说，按时下班也是理所应当的事情。这的确令人十分羡慕，这些国家也一定为此投入了足够多的资金。

同时，我们作为一线教师，也不能无所作为，等待有人为我们创造更好的工作环境。我们必须自己行动起来，积极改善现状。

我们要意识到诸如“因为没有时间，所以只能加班”的想法是错误的，虽然是为了学生，但这种工作理念极不合理。

我们是教师，同时也是劳动者。所以我们需要在认知上做出调整，意识到自己完全可以按时下班。

然而，如果只有一部分教师按时下班，影响也只微乎其微。其他教师可能出于“帮忙”的心态继续加班工作，这样依旧无法改善教师工作的大环境。因此，让我们试着改变自己的工作方式，在工作时间内完成分内的工作。如果情况依旧不能有所改变，那可能意味着工作量本身就很大，我们需要调整工作量。

如果学生能够看到教师充满活力的身影，自然也会更加憧憬这份工作。我想以这种方式影响更多的学生，让他们愿意从事教育相关的工作。如果学生在选择未来职业时能想到“我们的老师每天都特别充实、快乐，这份工作真不错”，那么教育的未来一定会更加光明。

为了我们能够拥有健康的教师生活，为了学生，为了教育的未来，让我们用高效的方法来改善自己的工作方式，在工作中更加得心应手吧！